這世界和你想的不一樣
我
令你傻眼!?
ATA
RI
MAE
ATA
RI
MAE

邀請函

吃飯用筷子，喝湯用湯匙，「理所當然」；
天冷要穿著保暖衣物，「理所當然」；
下雨了要撐傘，「理所當然」。

在我們的日常生活中，
充滿了「理所當然」的事。
但這些「理所當然」，
在某些人的眼裡可能會成為「豈有此理」。

在印尼，徒手吃飯才是「理所當然」；
在南太平洋島國的萬那杜人，

再冷也不穿衣服才是「理所當然」；
在法國人的心裡，
下雨不用撐傘才是「理所當然」。

我們的「理所當然」，
在別人的眼裡可能是「不可置信」；
而別人的「理所當然」，
我們可能也會認為「怎會這樣」？

世界上有著各種不同的文化，
一樣米養百樣人，而這些人都住在同一個地球上。
現在請隨著我一同探尋這世界上鮮為人知的「理所當然」吧！

——文化人類學家　斗鬼正一

世界上有著各式各樣的「理所當然」

全世界共有一百九十六個國家，
人口數多達七十億，
人多，當然文化也多元。

每當遇上不熟悉的文化，
忍不住就想大喊「不會吧！」
或「好奇怪」，
這是人之常情。

但我們平常認為天經地義的事情，
在他人的眼裡，
可能一點也不自然。

每個人都有屬於自己的「理所當然」，
每一天，
這些人都生活在同一個地球上。

象，但在外國人眼裡……
日常生活中充斥著「理應如此」
開動了！

乍看之下很平凡的用餐景

每一天，
我們過著習以為常的生活。
例如一家人圍著同一張桌子吃飯，
對我們而言，似乎平凡無奇……

但在外國人眼裡，卻是充滿了各種「不可置信」
為什麼男人會和女人一起吃飯？真是太奇怪了……
「開動了！」是什麼意思？

但是像這樣全家一起吃飯的景象，
對其他國家的人來說，
卻有著許多難以理解的不可理喻。
光是吃飯，就有這麼大的文化差異。
這世界上還有多少
像這樣自認為「天經地義」的事呢？
全世界各種「理所當然」的文化會議，
馬上就要正式發表了。
就算有湯匙，
我們吃有湯汁的菜，
也還是用手呢！

第1部

關於男人和女人的理所當然文化會議

第2部

關於人生的理所當然文化會議

第3部 關於溝通的理所當然文化會議

第4部 關於生活瑣事的理所當然文化會議

第5部

關於維持生計的理所當然文化會議

第 1 部

關於
男人和女人
的理所當然文化會議

世界理所當然文化會議

不管任何時代、任何民族，
男女關係都是大家最關心的事情。
但是男人和女人之間會發生的事情，
絕對超乎你的想像。
無論任何國度、任何民族、
任何社會、任何歷史，
人都是最重要的主角。
即使再偉大的人，或是再笨的人，
能夠來到這個世上，
都是男人和女人相遇後的結果。

議題 1

將男人和女人澈底分開

伊朗

從前沙烏地阿拉伯的載客飛機，客艙就像公共澡堂一樣，正中央有一面隔板，將男人和女人的座位分成左右兩邊。

在伊朗，就連公車也設有男女專用座位，不僅前後分開，出入口也不一樣。火車亦是分成男性和家庭專用車廂，以及女性專用車廂。就連搭乘轎車，男人也要避免坐在家人以外的女人身邊。當男性上司帶著數名女性屬下搭車時，上司得坐在副駕駛座（一般觀念是由身分較低的人坐）。男女從小學就完全分開，女人禁止參觀男學生的體操教室，即使是母親也不行，不僅如此，女人還禁止觀看男子足球比賽，男女分離的政策執行得非常澈底。

在杜拜，政府的政策對外國女性較為寬容，不需要以黑布包裹全身，就算是穿迷你裙也不會被責罵，因此走在街上，會同時看見包得一身黑，連臉

也看不見的當地女性，和身穿無袖上衣的外國女性。但杜拜畢竟還是嚴格的伊斯蘭國家，不僅搭公車要男女分開，就連海水浴場也男女有別。

還有，即使是外國人，如果男女不是夫妻卻住同一間飯店房間裡，不僅違反道德，還違反法律，會被警察逮捕。

在臺灣人的眼裡……

●在臺灣，男女界線較不明顯，現在就連純男、女校也逐漸式微，有些地方甚至還設有性別友善廁所呢！

議題 2

不僅是住家和街道，就連都市也是男女分開

哥倫比亞

南美洲哥倫比亞的巴拉薩那族（Barasana），是一個住在長條狀集合住宅內的民族。屋裡男人和女人的居住空間完全以牆壁隔開，女人平常都在屋子的後側空間烹煮食物和照顧孩子，男人則在屋子的前面編籃子或幹其他活。太陽下山後，男人會到屋子的中央空間吸鼻菸、嚼古柯葉。

這裡的屋子就連出入口也是男女分開，從住家走到河邊的路線也分為男生走的路和女生走的路。男人會從正門出發，通過熱帶雨林的小徑，一邊狩獵一邊前往河邊；女人則會從後門出發，經過以焚燒的方式開墾出來的農田，朝著河邊前進。

十九世紀末的韓國由於重視儒家禮教，不但規定「七歲男女不同席（男生和女生在七歲之後就不能一同生活）」，而且道路和住宅都是完全分開，

編織
編織
今天的晚餐
不知吃什麼？

丈夫和賓客住在「舍廊房」，妻子住在「內房」。不僅如此，整座首爾城還規定了男人的時間和女人的時間，晚上八點的鐘聲一響，男人就會從街上消失，只剩下女人；到了十二點，街上又變成只有男人。整座城市都在實踐著不讓男女隨便遇上的傳統禮教。

在臺灣人的眼裡……

●其實臺灣亦受儒家文化的影響，從小就被教育「男女授受不親」的概念，只是不像韓國這麼嚴重。

TAIWAN

議題 3

就算是家人，男女也不能一起吃飯

在密克羅尼西亞的雅浦島，男人會負責捕魚，女人則負責在山裡耕種。島上的人都相信海神是女性，而且非常善妒，所以女人不能靠近海邊；相反的，山神是男性，所以男人不能進入山中。男女的區別還不僅如此，當男人和女人在靠近海邊的路上擦身而過時，男人必須往海的方向讓路，女人必須往山的方向讓路。這是因為**他們認為「女人是汙穢的」，為了不讓不好的東西飄到男人身上，女人必須站在下風處（靠近山的方向）**。

參加喪禮也是男女有別。因為雅浦人認為遺體和女人都不乾淨，所以女人必須負責安置遺體，以及將遺體搬到山裡埋葬。如果是女人的喪禮，男人是不准參加的。

除此之外，男人的食物和女人的食物也是各自烹煮，不過這可不是基於

男女都必須做家事的平等觀念，而是他們認為在異性面前吃東西是件很丟臉的事，因此就算是夫妻或兄弟姐妹，也不會一起吃飯，**當然更不會有吃團圓飯這種事**，更尤甚者，這民族就連住的屋子也是男女分開，可說是個徹頭徹尾的男女隔離民族。

在臺灣人的眼裡……

●如果一家人無法一起吃團圓飯，要怎麼凝聚彼此間的情感呢？

爸爸和女兒一起洗澡、媽媽和兒子一起洗澡

日本

日本人認為一起洗澡是種「坦誠相見」的行為，能夠讓人和人之間的關係變得更加親密，因此不管是在公共澡堂還是溫泉，日本人都不認為和陌生人一起洗澡是件奇怪的事情，但是對於這世界上許多民族來說，被他人看見裸體可是相當丟臉的事，十分尷尬。

而且日本人還認為**在孩子年幼的時候，爸爸和女兒一起洗澡，或媽媽和兒子一起洗澡，是親子之間的良好互動**。但是在其他許多民族的眼裡，這是非常不知羞恥的事。

例如在法國、美國、義大利、墨西哥等國家，除非是嬰兒時期，否則絕對不會出現爸爸和女兒一起、媽媽和兒子一起洗澡的狀況。母親就算要幫兒子洗澡，自己也會穿著衣服。在伊斯蘭國家的伊朗，孩子大約四歲之後，父

母就不會和異性孩子一起洗澡。在新加坡、中國、韓國等國家，父母更不會讓異性的孩子看見自己的裸體。相較之下，日本的孩子即使上了小學，還是可能會和異性的父親或母親一起洗澡，這對其他國家的人來說是很奇怪的事。

在臺灣人的眼裡……

●日治時代，很多臺灣人看到日本的共浴文化，因為難以接受而留下「有禮無體」的臺語俗諺，意思是日本人雖有禮貌卻沒有體統，這是文化差異的最佳例子。

追女孩子之前會先問姓氏

所有的民族都將近親結婚當成禁忌，但日本不論是在傳統上還是法律上，都只規定三等親以內不能結婚。例如親子、手足、祖孫、叔姪不能結婚，但是堂、表兄弟姐妹可以結婚。這對韓國人來說簡直不可思議。

韓國的年輕男人在追求女孩子時，必定會先問姓氏。因為他們有「同姓不婚」的傳統，只要姓氏相同就不能結婚。如果事後才發現兩個人都姓「金」，那就糗大了。據說在以前，只要「本貫」不同，也就是數十代前的祖籍地不同（例如一邊是金海金氏，另一邊是慶州金氏），就可以結婚；如果「本貫」相同，就代表同族，當然不能結婚，所以必須再三確認。

這麼一來，就會發生許多情侶不能結婚的悲劇，因此韓國在一九九九年修改了《民法》，但還是規定八等親之內不能結婚。據說在韓國姓金的人多

你姓什麼？
你猜猜看。
金？還是李？

達一千八百九十三萬人，約每五人就有一人姓金，對韓國人來說是不能掉以輕心的事。相較之下，日本人別說是祖先，恐怕就連曾祖父母的名字都不知道。像日本人這樣能肆無忌憚的追女孩子，而且還能和堂、表兄弟姐妹結婚，在韓國人看來相當難以置信。

在臺灣人的眼裡……
●臺灣的規定是六等親內不能結婚。
TAIWAN

議題 6

不會唱歌就無法結婚

中國

在古代的日本，男男女女會在春天和秋天時分聚集在山上或海邊，一邊吃喝玩樂，一邊唱歌，這種活動稱為「歌垣」，是單身年輕人尋找交往對象的好機會。除了日本之外，亞洲還有許多民族會像這樣在尋找對象的活動中結合唱歌的條件。

在尼泊爾，也有類似這種男女情歌對唱的傳統活動，稱為「都賀立」，近年來相當受歡迎；而在中國南部貴州省的苗族，也有族人會在農閒時期聚集在郊外山上唱歌作樂的習俗，稱為「遊方」。

同樣居住在貴州省的侗族，據說不會唱歌就無法結婚。這是因為侗族原本沒有文字，不管是侗族的歷史、做人的道理、生活禮儀，還是結婚的正確心態，都必須靠唱歌來流傳，因此要學會唱這些歌，才算是能夠獨當一面的

大人。而且既然是年輕男女聚集在一起唱歌，當然會互相萌生愛意，成為結婚的契機。據說侗族的人從小就必須跟著「歌師」學唱歌，認真的程度和我們平常到ＫＴＶ唱歌聯誼是截然不同的。

在臺灣人的眼裡……

- 聲音好聽的人的確迷人，很容易讓異性傾心，但如果不會唱歌就無法結婚，恐怕生育率又要降低了。
- 臺灣的原住民也常會以歌唱的方式來傳達情感和溝通。

議題7

喪禮是尋找對象的好機會

泰國、緬甸

有一支居住在泰國、緬甸的少數民族克倫族（Karen），他們的年輕人找對象的最好機會竟然是喪禮，這是因為在一般狀況下年輕男女不能單獨相處，唯獨喪禮期間例外。天亮之前，年輕男女會互相傾訴愛意，讓整個喪禮籠罩在濃情蜜意的氛圍之中。

年輕男人會先到暗戀的女孩家拜訪，女孩如果對他沒興趣，會叫家人出來打發，如果有興趣，就在陽臺親自接待。不過這時會有兄弟姐妹和朋友在場，父母也會隔著牆偷聽。通常由女性開口求婚，男方只能耐著性子等待。

居住在肯亞的吉利亞馬族（Giriama），則會在埋葬遺體後舉行唱歌跳舞的儀式，稱為「基甫杜」，這也是認識對象的好機會；坦尚尼亞的尼亞庫薩族（Nyakyusa），女性會在喪禮上抱著遺體大聲痛哭，男性則會跳起激

烈而野性的舞蹈，象徵對過世者的讚美。

在喪禮上找結婚對象，似乎是很不檢點的行為，但生和死是一體兩面，**唯有讚許生命才能面對死亡**。如果這麼想，就不會覺得這件事有多奇怪了。

在臺灣人的眼裡……

●臺灣的公祭通常進行的很快，想認識異性對象，應該很不容易吧！不過從面對生命和死亡的觀點來看，確實挺有道理。

議題 8

到三十歲還沒有結婚，要罰打掃環境

德國

在德國北部的布萊梅等都市，年輕人如果到三十歲還沒有結婚，就會被處罰去打掃位於市中心的大教堂。這些人在親戚朋友的見證之下，男性需打掃正面大門前方的石階，女性則清潔大門的門把。他們必須一直打掃，直到男性受未婚女性親吻、女性受未婚男性親吻為止。這個處罰活動通常和畢業同學會一起舉辦，受處罰的當事人也會和其他人一起開心的喝啤酒或葡萄酒，**透過這個儀式，未婚男女會感受到社會希望他們早點結婚生子的期盼和壓力**。

在義大利，不結婚的人雖然不會被罰打掃，卻可能會被父母舉告而吃上官司。義大利被認為有很多男人都是媽寶，出了社會後不想結婚，只想一直住在溫暖舒適的家裡，接受母親的照顧。母親除了烹煮三餐，還要幫兒子熨

我們已經三十歲了呢！
歡樂
嘻笑
得趕快結婚才行。
哈哈哈哈……
擦
擦
掃
掃
掃
掃

燙衣物，實在很辛苦。有位母親受不了，向法院控訴自己的四十歲兒子賴在家裡啃老，不想獨立，遂要求他「在六天之內搬走」。沒想到法院最後竟然判決「即使成年，孩子依然能無限期受父母照顧」，簡直讓天下的母親跌破眼鏡。

在臺灣人的眼裡……
●臺灣人現在越來越晚婚，又因為房價太高，導致很多人無論單身或成家立業都還是住在家裡呢！
TAIWAN

議題 9

不結婚就得背上沉重的枷鎖

俄羅斯

謝肉節是俄羅斯的重要節日，又稱送冬節，約在每年二月底到三月初舉行，為期七天。在這全國熱鬧歡騰的慶典期間，只有單身者可能會吃上苦頭，而且不是像德國和義大利那樣只有打掃和吃官司那麼簡單。

這個慶典的主旨在於告別冬季，慶祝春季的來臨，民眾會扛著棺材，裡面放著象徵冬天的稻草人，和裝扮成祭司模樣的女性在村子裡遊行，並且吃象徵溫暖太陽的薄餅。在這個慶典裡，年輕男女還會一起玩滑冰遊戲，因此也有讓年輕人尋找合適異性對象的意義存在。

女性如果透過這個活動順利結婚，在隔年的慶典期間就會接受祝福，這些新娘會被埋進雪中，遭眾人扔擲麥稈，還得接受大家的親吻。這聽起來有點慘，但更慘的是沒有結婚的男女。從上次慶典到這次慶典的一年間沒有結

婚的懲罰，就是必須在脖子和腳踝綁上以木板、樹枝和帶子編成的沉重枷鎖，整個慶典期間都不能解開。如果想要解開，需支付罰金或請吃東西。

對當地的俄羅斯人來說不結婚代表這些人沒有盡到應盡的社會責任，所以必須受到懲罰。想要享受單身生活，可得付出相當大的代價。

在臺灣人的眼裡……

●怎麼感覺無論結不結婚，在慶典期間都不太好過……

議題 10

婚禮費用由新娘負擔

美國

日本的名古屋從前很流行舉辦炫富式的盛大婚禮，女方會故意以透明外牆的卡車載運嫁妝，或邀請街坊鄰居前來參加嫁妝的展覽會，不過這樣鋪張的名古屋人如果知道美國人嫁女兒要花多少錢，恐怕也會嚇到合不攏嘴。

大家都知道美國是一個注重自由和平等的國家。日本的男女平等觀念，可說是二戰後從美國傳進日本的。但是在美國，**婚禮費用由新娘負擔**是常識，據說是因為結婚之後丈夫必須負起養活妻子的責任，為了公平起見，所以美國自古就有女方得概括承受婚禮費用的傳統。雖然在如今的美國社會，妻子外出工作並不是什麼稀奇的事情，但這個傳統卻一直傳承下來。

然而還有更誇張的國家，那就是印度。印度有種名為「Dowry」的古老傳統，類似嫁妝制度，女方必須餽贈金錢或財產給男方和其家人。因此印

度人一生下女兒，就要為將來嫁女兒時的花費傷腦筋。雖然政府已立法禁止，但這個習俗一直沒有根絕，據說女方給的嫁妝如果太少，婚姻就不會美滿，而且新娘還會被夫家的人欺負，甚至有父母因為無法替女兒準備足夠的嫁妝而羞愧自殺，不知釀成了多少悲劇。

在臺灣人的眼裡……

●臺灣的婚禮是由男方出錢辦理，但是女方會給嫁妝，臺灣人結婚時喜歡說「門當戶對」，用平權的角度來看，還滿合理的。

議題 11

結婚是嚴格規範的契約

伊斯蘭國家

日本人結婚時通常重視的是宴客部分，至於結婚登記，兩人私底下再找時間辦理就行。但是在歐美等許多國家，結婚最重要的是到公家單位辦理登記，有些國家還會公布在公告欄上，甚至規定可以提出異議的期限。

簡單來說，就是**把結婚當成一種契約**。尤其是伊斯蘭國家，契約的規範更是嚴格，雖然新郎、新娘的意見會受到尊重，但辦理契約手續的人卻是其父母和兄弟姐妹，據說這是因為擔心新郎、新娘太過相愛而失去理性，所以必須舉行結婚典禮，其正式名稱為「結婚簽約儀式」。

進行簽約儀式時，新郎、新娘的父親和親人須親自到場作證。契約書上會列出各種細項，其中最重要的是寫明男方需支付給女方的「聘儀*」。而且根據伊斯蘭法律規定，「聘儀」應分成兩次付清，第一次在結婚時支付，

第二次在離婚時支付。

　對於妻子來說，這有點像是離婚保險，不過如果妻子先過世，丈夫不能碰觸妻子的遺體。因為一旦當事人死亡，結婚契約就會自動解約，兩人的關係就不再是夫妻，而是陌生人了。

＊聘儀：和聘金類似，只是聘儀的收受人是新娘而非新娘的家人。

在臺灣人的眼裡……

●臺灣和日本一樣，過去結婚也是宴客比公證重要，用交換戒指來代表誓約。

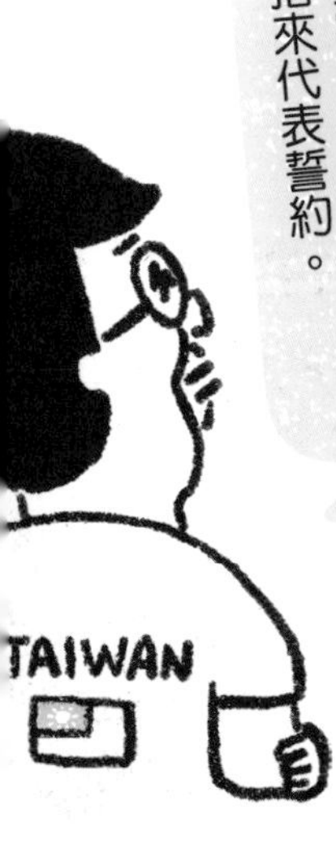

議題 12

妻子是兄弟共有

西藏

彩鷸這種鳥類的雌鳥會主動向雄鳥求歡，產下卵之後，雌鳥會把卵丟給雄鳥照顧，繼續尋找其他的雄鳥求歡。像這樣的生態，在鳥類的世界中相當罕見，其實人類的世界也一樣，很少有民族是一妻多夫制，只有少數的人在人生中有這樣經歷。

西藏的結婚制度，正屬於這種極罕見的文化。**當長男結婚時，其他的弟弟也會參加結婚典禮，所有兄弟同住在一起，共同擁有長男的妻子**。當妻子生了孩子，不曉得誰才是真正的孩子父親，會直接被視為長男的孩子。次男以下的弟弟沒辦法擁有自己的小孩，也不能分遺產，他們只能努力工作，存下一筆錢然後離家自立，娶自己的太太。

「所有的兄弟都是丈夫」這樣的制度乍看古怪，其實是因為西藏人經常

長期不在家，每當丈夫為了做生意而前往絲路上的其他都市，或帶著家畜到別的地區放牧，家裡如果只剩老弱婦孺，實在很危險。**但只要採行一妻多夫制，丈夫有好幾個，就可以輪流看家**，這對所有的家人來說都是一件好事。

※這種共妻制度除了確保家庭安全，兄弟也無需分家，財力和勞動力集中，還能侍奉父母終老。

在臺灣人的眼裡……

●曾聽聞過在臺灣早期社會，哥哥死後會讓弟弟娶嫂嫂，以延續家族的完整性。

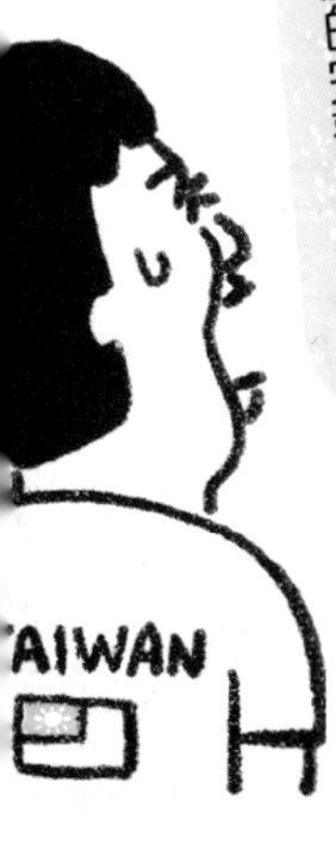

議題 13

新娘會不斷帶男朋友回家

玻里尼西亞

位於赤道上的馬克薩斯群島，是法屬玻里尼西亞的一部分，自古有著一妻多夫制的文化，而且一家之主還會負責照顧妻子帶回來的男朋友。

這是因為島上的居民都不太喜歡孩子，還認為女性在哺乳之後會變醜，所以常常把剛生下的嬰兒殺死。由於女性的勞動力較低，被殺死的大多是女嬰，導致島上的男性人口比女性多得多。

也是因為這個緣故，島上的女性從年輕時就會和很多男性發生關係。另一方面，當男性繼承了父母親的家庭，就會成為一家之主，將某一名女性迎娶回家，不過妻子會將她的男朋友也都帶進這個家庭，**形成一家之主、妻子，以及妻子的眾男友生活在一起的現象**。

換句話說，雖然貴為一家之主，並沒有辦法成為妻子的唯一男人。不過

由於妻子的男友群在家裡的地位形同傭人，能工作並付出勞動力，對家庭的經濟有正面的幫助，因此一家之主都希望迎娶的妻子是美女，這樣太太才會多帶一些男朋友回家。有些丈夫甚至在結婚之後還會希望妻子出去誘惑男人，好增加家裡的生產力。

在臺灣人的眼裡……

● 這種婚姻制度雖然可以增加勞動力，但是臺灣男性應該很難接受這種狀況。

議題 14

妻子要從小開始養育

巴布亞紐幾內亞

有些民族的丈夫必須從妻子還很年幼的時候，就開始養育她，例如巴布亞紐幾內亞島上的阿拉佩什族（Arapesh），男人不到二十歲就結婚，而新娘可能還只是個嬰兒。換句話說，**丈夫必須從小養育年幼的妻子，親手將妻子拉拔長大**。妻子自小受丈夫照顧，當然會打從心底敬愛他，但是這樣的傳統讓人搞不清楚兩個人的關係是夫妻還是父女了。

俄羅斯西伯利亞地區的楚科奇族（Chukchi），曾有二十歲新娘嫁給兩歲新郎的例子，新娘同時會以自己的母乳餵養自己和男朋友之間所生的孩子和僅有兩歲大的丈夫，讓人摸不著頭緒這對新人究竟是夫妻還是母子。

生活於非洲國家布吉納法索的摩西族（Mossi）有「父妻子繼」的傳統，也就是當父親死後，兒子會繼承父親的配偶。這聽起來會讓母親變成兒

子的妻子，有亂倫的嫌疑。但實際上摩西族為一夫多妻制，兒子繼承的是非親生母親的「母親」。如果沒有將父親的其他遺孀納為妻子的兒子，在社會上的地位就會較低，這樣的制度十分高明，能夠讓失去丈夫的寡婦免於流落街頭，減少可能產生的社會問題。

在臺灣人的眼裡……

●臺灣過去也曾有童養媳的習俗，只是婚配的對象不是照顧者，而是家裡一起長大的兄弟。

議題 15

亡者也可以和活人結婚

中國

生活在非洲東北部南蘇丹的努爾族（Nuer）有個習俗，已婚男人如果在擁有孩子前死亡，弟弟或其他男性親屬可以繼承他的妻子，將來生下的孩子將視為死亡男人的孩子，也就是當成妻子為死亡的男人生育孩子。

同樣居住於非洲肯亞古西族（Gusii）的男性在死後也能擁有子孫，作法是死前安排代理人讓妻子懷孕生子，生下的孩子就可視為自己的孩子，此外，也有罹患不孕症的丈夫請代理人讓妻子懷孕生子的例子。換句話說，在古西族的社會裡，社會學上的父子關係不見得必須是生物學上的父子。

在中國，直到數十年前，都還有著「娶鬼妻」的習俗。較常見的狀況，是父母夢見過世女兒想結婚，就會尋找合適的男性對象，以提供謝禮或土地為代價，請對方和自己的過世女兒結婚。當然男方總不能一輩子以鬼魂為

伴，因此女方的家屬並不會阻止男方以獲得的財物另娶活人為妻。「娶鬼妻」的婚禮和一般婚禮相同，雙方會挑選黃道吉日，讓牌位嫁進男方的家裡。牌位先在寢室裡安置三天，再和該家族的祖先一同受到祭拜。如此一來過世少女就能安心離開，不留下任何遺憾。

在臺灣人的眼裡……

●臺灣的習俗裡也有冥婚制度，方法是準備紅包放在路旁，亡者會自己挑選意中人，讓他看見紅包並撿拾。

議題 16

亡者也可以和亡者結婚

中國

在中國，亡者也可以和亡者結婚。男人如果還沒有結婚就過世，在陰曹地府孤零零，因此家屬會尋找年齡和家世都合適的過世女性，讓兩人結婚。雙方家屬用兩人的遺照舉辦婚禮，下聘則可能使用紙製的寶石，並且把新娘的遺骨放入新郎的棺材裡。

雖然這種「冥婚」的習俗現在已不多見，但二〇一三年發生過有人挖掘墳墓，盜取十名過世女性的遺體，高價賣給他人作「冥婚」之用。另外在二〇一六年，也發生過有人殺害女性，將遺體賣給過世男性父母的事件。

此外在日本的沖繩，民眾相信夫妻死後會在一起，而且得一起受到祭拜，子孫才能大富大貴，因此女性如果結婚前過世，家人會為她尋找同樣已過世的未婚男性結婚。此外也有過這樣的例子：女性離婚後直到過世都沒有

再婚，家屬相信魂魄會希望和離異的丈夫在一起，因此安排離婚的兩人重新結為夫妻，將妻子遺骨置入丈夫的墳墓內。

在日本的東北地方，也有靈媒為了消除未婚過世者的怨念，而設法尋找出其意中人的靈魂，讓兩人結婚的例子。看起來即便是在陰曹地府，未婚也是件麻煩事。

在臺灣人的眼裡……

●雖然已經過世了，但如果能夠讓父母安心，或許冥婚也不是壞事。

議題 17

同性結婚一點也不稀奇

俄羅斯

在非洲，許多民族都允許女人和女人結婚，例如在肯亞西南方以農耕和畜牧維生的南迪族（Nandi）屬父系社會，失去丈夫的寡婦如果沒有兒子，就會以「丈夫」的身分自居，用家裡的牛隻下聘去另外迎娶一位妻子回來。

當然寡婦無法成為生物學上的父親，因此會讓妻子交男朋友，如果懷孕了，就能夠把妻子生下的孩子當成自己的孩子扶養。換句話說，南迪族的**女性可以同時成為社會學上的丈夫和父親，甚至是父系社會體制下的一家之主，成為該家族的父系祖先。**

無獨有偶的是，生活在非洲東北部南蘇丹的努爾族，女性也能夠以「丈夫」的身分結婚，再委託其他男人讓妻子懷孕生子，使自己成為社會學上的父親。而居住在俄羅斯西伯利亞地區的楚科奇族，情況則剛好相反，男性能

夠以「妻子」的身分和男人結婚，再委託其他女人為自己懷孕生子，好讓自己成為名義上「母親」。

像這樣將生物學上的性別和丈夫、妻子、父親、母親等社會學上的角色分開，好讓種族能夠繼續繁衍，實在是很懂得變通之道的先進制度。

在臺灣人的眼裡……

●這些同性結婚的制度都是為了不讓家族的財產分散，和目前臺灣同性結婚的概念並不相同。

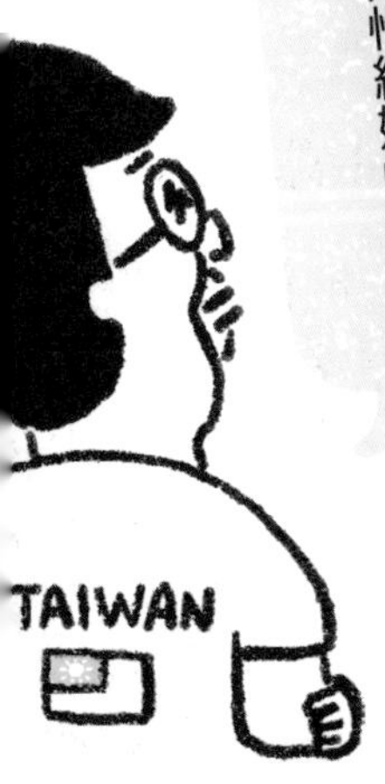

議題 18

和神結婚的人

尼泊爾

尼泊爾是亞洲的古國之一，首都加德滿都位於山間的加德滿都谷地之中，氣候宜人，到處祭祀著各種神明，因而有「神的數量比人還多*」的說法，住在這裡的內瓦爾族（Newar）女性，會以神明為結婚對象。

內瓦爾族人相信女人是賦予萬物生命的女神阿吉瑪在世間的姿態，必須和孕育農作物的印度教太陽神毗溼奴結婚。因此族人會挑選沒有傷痕的美麗貝爾果*，裝飾得華麗漂亮，當成神一般崇敬，並獻出六到九歲的少女為神聖新娘，和毗溼奴舉行結婚典禮，稱為「貝爾果婚」。

當然這些少女在長大成人後，還是會和一般的男人結婚，但由於她們已經嫁給神了，所以和男人的婚姻會被視為暫時性的假婚姻。雖然活人丈夫總有一天會死，但神明丈夫卻可以永生不滅，所以內瓦爾族女性的一生中絕對

雖然你是假老公，
但我還是愛著你。
真正的丈夫

不會經歷到丈夫先過世的孤獨滋味，也就是沒有當孀居寡婦的機會。

＊尼泊爾的人口約兩千多萬，但是境內的神靈高達三千三百萬個，因此有神比人多，寺廟比房舍多的說法。

＊貝爾果：Bel Fruit，又名木橘，是種味道芬芳甜美的水果，可以放置多年而不壞，因此有永久之意。傳說中太陽神毗溼奴喜歡貝爾樹，因此被視為是神聖象徵。

在臺灣人的眼裡……
●老公是神明的話，應該社會地位也會提高不少吧！
TAIWAN

議題 19

和狗結婚的人

印度

自古以來常有一些關於人和動物結婚的傳說故事，例如中國的「白鶴報恩」講的是男人救了白鶴的性命，白鶴以身相許，還為男人織出珍貴的布疋；日本的「招蛇婿」講的則是蛇化成了男人的模樣，向女人求婚。此外還有瑠璃和歌舞伎的劇本故事「信太妻」，描述安倍保名和一隻雌狐狸生下平安時代（794~1855年）著名陰陽師安倍晴明的故事。當然這些都只是古老的傳說和神話而已，像這種人和動物結婚的「異類婚姻故事」，在希臘神話和格林童話也都有類似橋段，可說是世界各地文化的常見主題。

但是在二〇〇九年，印度東部的村莊**真的有一場人和狗的結婚典禮**。新郎和新娘分別是一歲多的男嬰和鄰居養的雌犬，婚禮共有一百五十人參加。因為男嬰的年齡還不到兩歲，就已長了恆齒，當地人認為這是一起凶兆，可

只有一歲多而已，
怎麼會長出牙齒……
太不吉利了！
對了！
讓他和狗結婚吧！
!?

能會導致孩子和家人遭受猛獸攻擊。為了消災解厄和祈求神明庇佑，父母刻意安排讓男嬰和狗結婚。一般人當然不會舉行這種奇妙的婚禮，但當地人相信這麼做可以獲得強大的力量，不過畢竟只是單純的儀式而已，男嬰長大後和一般的人類女性結婚，並不需要先和狗妻子離婚。

在臺灣人的眼裡……

●這應該也算是另類的「沖喜」？可用來消除災厄。

TAIWAN

第2部

關於 人生 的理所當然文化會議

世界理所當然文化會議

人類屬於動物，
生老病死，
是生物學上的必經過程，
生活在世界上任何角落的任何民族，
都無法避免。

但從什麼時候能稱為人？
從什麼時候開始算是大人？
大人和小孩的分水嶺在哪？
什麼樣的情況算是死亡？
死後又會發生什麼事？
這些觀念可就隨著民族截然不同了。

議題 20

剛出生的嬰兒不是人

泰國

這世界和你想的不一樣

泰國人認為嬰兒剛出生的三天內不算是人。他們相信懷孕生子，是精靈依照自己的模樣捏出了黏土人偶後放入母親的體內，因此剛生出的嬰兒都是精靈的孩子。如果孩子一出生就死亡，代表被精靈帶走。為了讓嬰兒從精靈的孩子變成人的孩子，必須在出生第四天由長老在手腕綁上能驅魔避邪的聖繩，並進行靈魂置入體內的儀式，祈求孩子魂魄安定，平安長大。

一個人的身體裡必須要有三十二個靈魂。這些靈魂都在身體裡的時候，人就會很健康，但如果離開了，人就會生病，甚至是死亡。泰國人還相信不能隨便撫摸孩子的頭，因為這會讓靈魂嚇一跳。此外，如果孩子發燒或痙攣，就表示靈魂飄散到了空中，這時候就要趕緊以湯匙或碗將靈魂撈回來，並且以聖繩綁住手腕和腳踝，使靈魂不再飄走。孩子彌月時剃胎毛，故意留

下頭頂的一小搓胎毛不剃，也是為了不讓靈魂溜走。頭頂的這一小搓毛，會在一歲或十三歲慶祝孩子長大的時候剃除。

換句話說，人並非一生下來就是人，而是要由人類為嬰兒裝上名為「靈魂」的電池，按下啟動開關之後才會變成人，這或許也算是一種「人造人」的概念吧！

在臺灣人的眼裡……

●臺灣習俗中也認為人有三魂七魄，所以不能亂拍肩膀，免得魂魄被嚇走。

議題 21

鼻梁不挺就沒辦法當人

印尼

在印尼的爪哇島，傳統的助產婆會按摩剛出生的嬰兒，把鼻梁捏高一點，把腦袋瓜子搓圓一點。

在美國，有些原住民會用板子按壓嬰兒的頭，讓後腦杓變得又尖又細。除此之外，各民族都有不同的花樣，有的會以腰帶把腰部束得非常細，有的則是鼻子上穿洞後裝上寶石，還有人會在耳朵、鼻子、嘴唇或臉頰鑽孔插入骨頭或鳥類的羽毛。

世界各地所採行的割禮*，其實也是相同的意思。明明每個人的身體形狀都不相同，卻不願任其自由成長，想要**趁著嬰兒的身體還沒定形前，將身體捏塑成理想的模樣**。

換句話說，這些行為無視於個人的獨特性，只為將身體改變成更符合社

會行儀的適當風貌，而所謂的適當風貌會隨著文化有所不同。這其實也是要強調自身民族和其他民族的差異，加強同一族群的自我認同意識。

*割禮：流傳在部分非洲和中東國家的宗教文化習俗。在孩子年幼時，將男性生殖器的多餘包皮割除，或將女性的外生殖器割除。目前被聯合國視為違反人權，越來越多國家已立法取消。

在臺灣人的眼裡……

● 以前中國也有裹小腳習俗，趁女孩年幼時纏腳，讓腳變形，認為這樣走起路婀娜多姿，將來才能嫁給好人家。

議題 22

不能稱讚孩子「可愛」

菲律賓

泰國人會為孩子取「狗」、「豬」、「水牛」、「青蛙」等奇怪小名，因為他們認為孩子會早夭是因為被精靈帶走，因此為了讓孩子長壽，故意取奇怪的名字來欺騙精靈。除此之外，他們還會給孩子剪奇怪的髮型，讓孩子看起來很醜，以免遭惡靈附身。

同樣的道理，稱讚孩子「可愛」也是禁忌，例如住在菲律賓的馬拉瑙族（Maranao）相信嬰兒被陌生人稱讚「可愛」，會出現臉色發青、全身發燒等症狀，或是孩子被稱讚或撫摸，也會生病或受傷，所以當馬拉瑙族人**向不認識的親子攀談時，會故意說「這孩子真醜」**，這樣孩子就能躲過災厄。

蒙古人也有類似的習俗，他們會故意說嬰兒長得很醜，因為怕可愛的孩子被魔鬼抓走；香港人也是一樣，他們相信絕對不能稱讚孩子，甚至有時候

會朝著孩子大罵「蠢蛋」，這是為了驅趕惡鬼，不讓孩子被盯上。

每個孩子都是父母的寶貝，但是年幼的孩子因為生命還不穩定，隨時有可能離開人世，透過這些迷信，我們可以看出期望孩子平安無事、健康成長是父母的共同心聲，不分任何民族。

在臺灣人的眼裡……

●臺灣以前也有類似的習俗，會替孩子取賤名，讓他能平安長大。

議題 23

晚上讓嬰兒獨自睡覺

英國

在英國，父母不會和嬰兒睡在同一個房間裡，就算一起睡，頂多也只陪睡到三個月大左右。**有些父母甚至在孩子一出生，就讓孩子獨自一人睡在其他房間裡了**。如果孩子半夜啼哭，父母會走到孩子的房間裡餵奶和換尿布，觀察孩子的需求，有些父母為了即時察覺孩子的變化，甚至會在孩子的身旁放置收音器。

法國、義大利、俄羅斯和美國也一樣，並沒有父母陪伴孩子睡覺的文化，此外，法國人還認為給孩子吃奶嘴是一件好事。許多法國人的孩子直到上了幼兒園還在吃奶嘴，甚至會一直吃到上小學，相信日本人看了一定相當吃驚吧！

或許是因為法國的父母不陪孩子睡，怕孩子寂寞才給孩子吃奶嘴，除此

之外，一般的法國母親也不哺乳，而是從孩子一出生就餵食配方奶，就算給孩子喝母乳，頂多也只維持兩、三個月。表面上是說因為法國的家庭通常父母都有工作，餵配方奶才能在母親恢復上班後順利把孩子交給他人照顧，但是母親的真正心聲，應該是不希望胸部變形吧！

在臺灣人的眼裡……

●歐美人士和亞洲人士對孩子的照護方式，就是自然育兒和親密育兒的區別吧！

議題 24

不給孩子玩具

尼日

在非洲的尼日，父母幾乎不會買任何玩具給孩子。等孩子會走路之後，父母就讓孩子到屋外玩耍。尼日有這麼一句諺語：「孩子的老師是自己。」意思是說**大人什麼都不必教，腦袋靈活的孩子會自己蓋沙堡、以樹枝製作坐騎，拿舊布縫製布偶**。隨手取材，尼日人就能做出玩具，例如把襪子塞進塑膠袋裡綁一綁，就成了一顆足球。孩子在自然環境中玩耍，自然會有各種新發現，並且會自行構思出各種玩樂點子。

不僅如此，尼日人還認為孩子是「發明家」，他們認為如果大人幫孩子把任何東西都準備得好好的，孩子的觀察力、想像力和創造力將難以成長。相較之下，日本的玩具都設計得精巧別緻，還細分成「男生用」、「女生用」、「三個月用」、「一歲用」等區分各種客群。說穿了，這些都只是玩

具廠商說服父母定期幫孩子購買新玩具的手段。

現代的孩子未來將活在瞬息萬變的時代，創造力是幫助他們生存的重要武器。從這個角度來想，給孩子太精緻的玩具或許並不是一件好事。

在臺灣人的眼裡……

- 讓孩子自行構思遊戲的方式，能在無形中鍛鍊各方面的能力呢！
- 常常可以聽老一輩的人說他們小時候環境並不富裕，卻還是能自己發明很多玩樂的點子！

親吻陌生人的孩子

伊朗

伊朗人特別喜歡孩子。他們不僅會親吻自己的孩子，而且還會親吻街上陌生人的孩子，因此伊朗人的孩子一天到晚被不認識的叔叔、阿姨親吻臉頰，真是熱情。

土耳其人帶著孩子上街購物時，如果孩子吵著要吃喝某樣東西，就算東西還沒有結帳，也會先拿給孩子享用。這聽起來像是把孩子寵壞了，但土耳其人認為任由孩子哭泣是非常惡劣的行為。如果有一個孩子在街上哭泣，周圍的大人都會圍上去，你給巧克力、我給糖果，大家合力讓孩子破涕為笑。土耳其人認為孩子是國家之寶，因此大家都不吝於對父母伸出援手。

中國人也很喜歡幫助陌生人的孩子，大部分的人對孩子都很寬宏大量，就算孩子在餐廳裡吵吵鬧鬧，父母也不會感到尷尬。不過孩子如果在天氣冷

的日子裡穿著短褲，可能會被看不過去的路人叨念：「這樣會感冒哦！」

另一方面，也有對孩子嚴厲以對的民族，越南人就認為「責罵孩子是大人的責任」，因此孩子如果做了壞事，就算是陌生人也會開口責備，看來全世界的人都把孩子當成社會的珍寶呢！

在臺灣人的眼裡……

●這對臺灣的父母來說真是不可思議，為了安全，通常不會讓陌生人接近孩子。

議題 26

照顧小孩是外籍女傭的責任

香港

在北京、上海等中國的大都市，有些孩子是二十四小時生活在幼兒園裡。這種制度稱為「全託」，孩子從星期一的早上到星期五的傍晚都住在幼兒園內。一來父母可以專心工作，二來獨生子也能適應群體生活，三來老師從孩子的課業、才藝乃至於生活習慣全都包辦，聽起來好處多多。

而在號稱金融、商業和貿易重鎮的香港，情況也大同小異。因為生活壓力大，夫妻不僅得拚命工作，為了升遷，在學習新知方面也不能馬虎，由於實在太忙，孩子只好整天交給他人照顧，換句話說，這是嚴苛的社會競爭和階級制度所造成的現象。父母不照顧孩子並不是因為懶惰，而是因為忙到沒時間顧好家裡，三餐外食也是常態。為了照養孩子，香港父母的做法是把孩子完全交給住在家裡的外籍女傭，這些異鄉來的女傭不僅得做家事，還得幫

主人顧孩子。她們多為菲律賓人，大多具有大學學歷，而且幾乎都會說英語，可說是照顧孩子的最佳人選。但他們不懂中華文化，也不見得會說粵語，父母把孩子交給這樣的外國人照顧，在日本人看來，也算是相當大膽。

在臺灣人的眼裡……

●忙到沒時間照顧孩子，似乎是先進國家的常態。在臺灣，則是委託祖父母或是安親班照顧，但不至於全部交給別人。

議題27

沒有孩子，會被說「人生毫無意義」

肯亞

在非洲肯亞以游牧維生的查姆斯族（Ilchamus），習慣將沒有留下孩子就過世的男人稱為「魯德紐」（原意是「山」）。查姆斯族人認為男人過世，如果留有孩子，男人常常會為了探望孩子而回到人世；但是如果男人沒有後代，他就沒有人可以探望，如此一來就成了「有如魯德紐（山）一般孤獨的人」。

查姆斯族人認為成為魯德紐的男人是非常悲哀的。他們將這種男人的人生稱為「錫烏」，意思是「沒有辦法過正常的人生，一生沒有任何意義，甚至可以說不曾有過人生。」

而且查姆斯族人認為最有可能和魯德紐、錫烏扯上關係的高風險族群，是外貌和人格都充滿魅力的帥氣年輕男人。這種人因為外貌，廣受女性歡

迎，似乎能隨時結婚，卻反而無法穩定走進家庭，生下孩子。當有一天他們突然生重病去世，就成了「魯德紐」。

查姆斯族人的傳統觀念告訴我們「風流沒有落魄的久」，長得帥又如何？結婚生子最重要。看來查姆斯族的帥哥都有著說不出的苦吧！

在臺灣人的眼裡……

● 沒想到世上竟然有帥哥吃不開的地方，不過無論帥不帥，誰都該好好對待感情和家庭吧！

議題 28

為了保護環境而追求少子化

哥倫比亞

少子化在日本是讓人傷透腦筋的大問題，但有些民族反而認為少子化是好事。居住在南美洲哥倫比亞的少數民族迪賽諾族（Desano），就是個不喜歡生太多孩子的民族。迪賽諾族的父親通常希望有兒子，將來能成為高明的獵人和舞蹈家；母親則希望有女兒，能幫忙做家事和農務。但是一家最多只能生兩、三個孩子，再多就會遭到族人輕蔑，被形容為「狗的家族」。

為了實現少子化，迪賽諾族在傳統觀念上可說是無所不用其極，例如他們會規定孩子在獨當一面之前不能懷孕，而且女性在懷孕期間和生產後，針對飲食和外出有嚴格的限制，理由是生產會引來精靈（野獸之主）的強烈嫉妒。除此之外，男性還被禁慾，因為一旦發生性行為，狩獵就不會成功。

為何迪賽諾族要避免生太多孩子？當然擔心糧食不足是原因之一，但主

要還是在於他們所抱持的自然觀和環境觀，他們認為人類是和其他野獸共享來自太陽的能量，若人類生下太多孩子，奪走了過多的能量，會引來野獸的憤怒。如此一來人類在狩獵時，就無法順利獲得獵物。說得更明白一點，迪賽諾族追求少子化是擔心人口過度增加會破壞自然界的生態平衡。

在臺灣人的眼裡……

●以現在的眼光看來，其實一個家庭有兩三個孩子已經算多的呢！

議題 29

幼兒園學童也可以抽菸喝酒

烏干達、越南

在日本，未滿二十歲禁止抽菸喝酒是常識。在臺灣和香港，禁止的年齡則下降至十八歲。沙烏地阿拉伯的規定則更加嚴格，就算是大人也禁止喝酒，每個國家國情都不同。

但也有一些國家在這方面的規定相當寬鬆。例如烏干達和越南，由於沒有嚴格的規範，**就算是幼兒園學童抽菸喝酒，也不會受到處罰**。在澳門，只有抽菸有十八歲的限制，喝酒則沒有限制。中國則剛好相反，雖然限制十八歲以上才能喝酒，但在香菸方面，只有限制滿十八歲才能購買，並不限制抽菸的年齡。而且其限制的法令，酒的方面是在二〇〇六年才頒布，香菸的方面是在二〇〇七年頒布，在此之前任何人都可以抽菸喝酒。

在歐洲，義大利和法國都只規定十八歲以上才能購買香菸和酒，但喝酒

和抽菸的年齡卻沒有限制。在德國，年齡的限制會隨著酒的種類而有所不同。威士忌之類酒精濃度高的蒸餾酒必須超過十八歲才能喝，但濃度低的啤酒和葡萄酒則是十六歲以上就能喝，就算是高中生買來喝也不會受到處罰。

在臺灣人的眼裡……

●原來每個國家對抽菸喝酒的規定差這麼多。不過依據科學研究，孩子在18歲之前身心都還不成熟，如果太早接觸菸酒，對身體傷害很大。

議題 30

電車的票價因身高而不同

中國

在中國、香港、臺灣、新加坡等中華文化圈，地下鐵的剪票口和公車的車門階梯、活動會場的售票亭等處，常會看見測量身高的量尺或刻度貼紙，這是為了確認購票者適用的是成人票價還是孩童票價。

中國四大名園之一的拙政園，入園的規定為身高一百二十公分以下免費，一百二十公分到一百五十公分為兒童票，一百五十公分以上為成人票。香港的地下鐵，剪票口處會放置高度九十五公分的長頸鹿看板，年齡在三歲以上且身高已滿九十五公分以上的孩童才需要買兒童票。臺北的捷運，則是身高超過一百一十五公分者需購買成人票，未滿者則免費。不過就算身高超過，但只要能證明年齡未滿六歲，一樣能夠免費搭乘。同一名孩子在不同的地方，有時適用的是孩童票價，有時適用的是成人票價。

在日本，票價都是依「未就學」、「小學生」、「中學生」等條件來決定，因此會覺得用身高來定價很不公平。但在中國人的眼裡，日本的做法反而更不公平，因為只要沒有要求出示證件，謊報年齡是很簡單的事，但身高卻是一目了然，無法說謊，這麼說似乎也挺有道理。

在臺灣人的眼裡……

議題 31

只要沒結婚，五十歲也可以拿紅包

香港

日本的生涯未婚率（五十歲之前不曾結過婚的人口比例）在二〇一五年的國情普查中男性為二三・三七％、女性則是一四・〇六％。換算下來，男性約每四人就有一人沒結婚，女性則是約每七人就有一人。和二〇一〇年的數值相比，男性暴增了三・二三個百分點，女性暴增了三・四五個百分點，這在日本一度成為熱門討論的話題。正因為不結婚的比例升高，少子化的問題才會那麼嚴重。有趣的是，這些不結婚的人如果是香港人，他們到了五十歲還是可以拿紅包。

在香港的過年期間，已婚者會在紅色袋子裡放一些錢，稱為「利是」（類似臺灣的紅包），贈送給同事、親戚、朋友，甚至是給常光顧的商店店員。給的對象沒有年齡限制，只要是未婚者就能給。拿到紅包的人，會說出

一些祝福辭，例如「身體健康」、「心想事成」等。在日本人看來，如果是年輕人得到也就罷了，上了年紀的人拿到**紅包絕不是件令人開心的事。**許多民族都認為「結婚」是一個人能獨當一面的必要條件，在中國也有不結婚就無法「成家立業」的觀念，跟著孩子一起拿紅包，難道不鬱悶嗎？

在臺灣人的眼裡……

●無論是什麼年紀，有紅包拿都會很開心吧！

議題 32

為了「轉大人」必須賭命打倒獅子

肯亞、坦尚尼亞

這世界和你想的不一樣

在非洲衣索比亞南部以農耕和畜牧維生的漢馬族（Hamer）的男孩想要變成大人，必須進行相當危險的儀式，那就是在八至十頭的狂暴牛隻的背上來回跳躍二至三次，成功了就能獲得大人的名字，失敗了就會「留級」，只能等明年再挑戰。生活在肯亞、坦尚尼亞的馬賽族（Maasai）的男孩想要「轉大人」更是辛苦，必須獨力達成殺死可怕獅子的壯舉，**萬一失敗了，下場可不是「留級」那麼簡單，而是會變成獅子的大餐。**

其他的成人儀式，還有高空彈跳等，絕大部分都可怕又危險，一個不小心真的會沒命。不過在西非獅子山共和國以農耕維生的門德族（Mende）的男孩要變大人倒是相當輕鬆，只要裝死就行了。做法是在腹部綁上一些裝了雞血的袋子，以長矛刺破，讓血流出來，看起來就像是被殺死了一樣。男

我要成為大人……
我要成為大人……
我要成為大人……
吼

孩從偽死中復活就成了大人，不僅必須改變名字，而且遇到熟人也要假裝不認識。

美洲的印地安人，則是準備陰暗、狹窄又充滿蒸氣，象徵母親子宮的房間，把男孩關在裡面直到昏厥，出來之後，就代表以男人的身分重獲新生。透過這樣嚴苛的儀式，孩子才能成為自主的大人。

在臺灣人的眼裡……

●比較起來，年齡達十八歲就自動變成大人的臺灣人實在很輕鬆。

TAIWAN

議題33

女人想要盡可能讓自己看起來年輕一點

日本

據說在歐美人的眼裡，大多數的日本女性都比實際年齡看起來年輕一些，這是因為歐美人的五官輪廓較深，臉上比較容易出現黑眼圈和下垂的肌肉。相較之下，日本人不僅五官較扁平，而且平日總是避免日晒，所以不太會出現斑點或皺紋。此外在化妝的習慣上也有很大的差異，大多數的日本女性為了讓自己看起來年輕一點，每天都會認真的化妝，而歐美人所化的妝則簡單得多，大多數的歐美人不會化全套的臉妝，甚至有不少歐美人是不化妝的。日本人隨身攜帶的化妝品數量，當然也比歐美人多得多。

這是因為在日本，一般人都認為年輕女性的價值較高，「大嬸」成了侮辱女性的字眼，所以絕大多數的女性都希望自己看起來比實際年齡小。

相較之下，希望讓自己看起來年輕一點的歐美人並不多，大多數歐美人

好想讓自己看起來年輕一點。
是嗎？

希望的是外表和年紀相符。過去的種種人生經驗，都會寫在臉上，臉就像是一個人的履歷表，歐美人認為自然呈現是理所當然的事情。

如果年老是無可避免的現象，與其拚命抵抗，不如加以接納，並且對自己的人生抱持自信和驕傲，才是真正優秀的文化吧！

在臺灣人的眼裡……

●比起日本，臺灣女生也是比較屬於自然派，不化妝的女生很多呢！不過這可能是因為臺灣氣候比較炎熱。

TAIWAN

議題34

禿頭是智慧的象徵

中國

日本男人一旦出現禿頭，就會趕緊塗抹生髮水，同時大嘆自己「上了年紀」。美國人的禿頭比例是日本人的五倍，但禿頭對美國人來說，卻不代表步入中年，而是「老而彌堅」的證明，甚至有人說禿頭的人看起來比較聰明。在中國也有類似的觀念，認為**只有經常用腦的人才會禿頭，因此是智慧和人生經驗的象徵，甚至可以說是值得尊敬的外觀特徵**。禿頭比例極少的越南人，也認為越常使用頭腦的人越容易禿頭。

事實上江戶時代（1867~1093年）的日本人亦認為髮際線較高的人，不僅成長快而且運勢也旺。可見得如何看待「禿頭」，會隨著民族和時代不同而大相逕庭。

在幼童容易夭折的年代，具備高生育力的年輕人較受重視；在追求物質

腦袋瓜這麼亮，
想必一定很聰明吧！

豐足的年代，很多人都在拚命工作、賺錢，購買最先進商品或服務，因此也是越年輕的人或越新穎的事物越有價值。但在現代孩童不會輕易死去，社會也富足，在這種成長停滯的成熟社會裡，思考該如何生活的智慧反而更顯價值，因此之後重視的將不再是年輕，而是長年累積的智慧和經驗吧！

在臺灣人的眼裡……

●雖說「十個禿子九個富」，但是臺灣人還是很怕自己會禿頭呢！

TAIWAN

議題 35

沒死也可以辦喪禮

索羅門群島

每個民族的文化中都有自己一套對喪禮的規儀，例如在日本，參加喪禮必須帶著白包到場，但是在印度教，給白包是在喪禮結束之後的事，而且女性不能參加。

甚至在某些文化裡，喪禮不見得是為亡者所舉辦，例如位於南太平洋索羅門群島上的居民，**還沒有過世就會先舉辦喪禮**。在該島居民所使用的語言中，「toe」的意思代表「活著」，而「mate」的意思除了有「死亡」之外，還可以代表「生重病」和「年紀老邁」。**既然重病患者、老年人和死亡者都是「mate」，當然這三者都可以舉辦喪禮**。換句話說，他們的文化把生和死的界線往前挪了。

居住在澳洲的原住民相信靠咒術就能讓人生病，甚至能置人於死地，因

謝謝大家來參加我的喪禮。

此當某個人得知自己被下了咒術後會大受打擊，喪失求生意志，甚至不再進食。周圍的人也會刻意避開，不再像從前一樣往來，導致這個人最後真的因孤獨和虛弱而死亡。換句話說，當大家得知某人被下了咒術後，就已經開始把他當成亡者了。

在臺灣人的眼裡……
●原來關於喪禮，每個民族的觀點差別這麼大，不過臺灣似乎也開始有「生前告別」的觀念了。
TAIWAN

議題 36

慶祝死亡的喪禮

香港

香港的紅磡車站相當有名，在一九九九年之前，這裡是香港最具代表性的轉運車站，但或許很多人不知道，紅磡車站的周邊是喪葬街，不僅正前方就有好幾棟巨大的喪禮大樓，而且周圍全是葬儀社、花店和墓碑店。

若要比喻，這就像是日本東京車站前是喪葬街一樣，實在很古怪。但是更讓人嘖嘖稱奇的是香港人舉行喪禮的方式。**會場上擺滿了一整排花圈，有如日本的小鋼珠店，上方高掛著「福壽全歸」等裝飾文字，還會播放熱鬧滾滾的音樂**。喪禮的參加者會在會場裡隨意閒聊，他們不會刻意穿著肅穆衣服，而是大多穿著牛仔褲，甚至有人身上還戴滿華麗飾品。有些人給的奠儀，不一定會用白包包，而是直接掏錢出來給喪家，甚至還會要求找零。

葬儀社的名稱也都是取「福」、「壽」等充滿喜氣的字眼。在棺材店、

骨灰罈店的店門口，棺材往往高高疊起，骨灰罈則是擺飾得有如花瓶。

有些老年人甚至早早就買好了自己的棺材，每天拿布擦拭。更令人驚訝的一點，是這條喪葬街的正中央竟然有老人安養院。對老人而言，從老到死一手包辦，真是太方便的一條街了。

在臺灣人的眼裡……

●沒想到雖然都屬於華人文化，但我們對香港的葬儀事項並不熟悉呢！

議題 37

在喪禮會場上表演脫衣舞秀

臺灣

這世界和你想的不一樣

在中華文化裡，一個人如果壽終正寢，而家人得到足夠的遺產，在經濟上不虞匱乏，其喪禮就稱為「好喪」，在這種喪禮上歡笑或嬉鬧，並不會被視為失禮的行為。而在臺灣的好喪，可不只是一般的好喪，簡直成了熱鬧的慶祝活動，有些喪家還會**舉辦歡樂的歌謠大會，甚至是請人來表演脫衣舞秀，讓觀眾（喪禮的參加者）開心**。

相較之下，日本人則認為不管是誰過世，喪禮都應該莊嚴肅穆。明明同樣屬於佛教文化，臺灣的喪禮卻有著裝飾華麗的會場，整個場面熱鬧滾滾，就像是慶祝大會，日本人看了肯定會直搖頭，認為這實在是太荒唐了。

事實上在華人的觀念裡，喪禮本就是種慶祝活動。**既然每個人都會死，只要活得比別人久，道別的儀式就是件值得慶賀的喜事**。但如果過世者是年

輕人，因為英年早逝，喪禮就會舉辦得哀戚肅穆。

臺灣之所以會有這種熱鬧滾滾的喪禮，其實是為了用故人最喜歡的歌曲和脫衣舞秀送他最後一程。只要這樣想，就不會覺得奇怪了。

在臺灣人的眼裡……

●臺灣有喜喪的習俗，老人家若是以八十歲以上的高齡去世，其實值得祝賀，不但喪禮會掛紅布，大家心情也會比較輕鬆。

議題 38

以設計奇特的棺材送過世者最後一程

迦納

對西非迦納共和國的人來說，婚喪儀禮是展現家族聲勢的重要機會，尤其是喪禮，往往會花上一、兩個月的時間訂定縝密的計畫，投入大筆金錢，舉行長達二至三天的喪禮儀式。在喪禮的舉辦期間，他們會唱歌、跳舞、打鼓、吹喇叭，甚至是拍攝紀念照，讓整個場面熱絡。只有過世者的家人會傷心落淚，**但對喪禮參加者來說卻是吃喝玩樂的快樂活動**。

其中最特別的就是一群人將精心設計的棺材抬往墓園，棺材的外型五花八門，除了動、植物外，還有車輛、船艦、飛機，甚至是酒瓶造型。迦納人的月收入只有一、兩千臺幣，訂做棺材卻要花上一、兩萬元不等的金額。

棺材在設計上會參考過世者的職業，例如音樂家，棺材可能設計成鋼琴模樣，如果是教師就設計成鋼筆，漁夫的可能是漁船，工匠的可能是鉋刀，

農民的可能是洋蔥，肉店老闆的可能是豬。此外也可能是喜歡的東西，例如啤酒瓶、可樂瓶，或是烏龜、蝸牛等。

照顧孩子的母親，棺材可能是母雞；成功的企業家或許設計成賓士車；嚮往海外旅行的人可能會是飛機。喪禮的宗旨是大家緬懷故人，並且熱鬧的送他最後一程。

在臺灣人的眼裡……

●以往生者最具代表的象徵為他送行，似乎很不錯呢！

第3部

關於溝通的理所當然文化會議

世界理所當然文化會議

每個人都是社會的一分子，
誰也無法完全斷開和他人的關聯，
獨活在這個世界上。
但畢竟自己是自己，別人是別人，
雙方可能有利害衝突，
甚至可能是敵對關係。
每個人都得活在互助和對立的矛盾之中。
不同的民族有各自的機制，
來處理這些複雜又麻煩的人際關係。

議題 39

證件照為何都是正面照？

日本

從學生證、履歷表到駕照，生活中有非常多的證明文件需要使用證件照。只要是證件照，依規定都必須使用不戴帽的臉部照片，如果拍的是腳底或肚臍，大概很難拿來當證件照。

不僅如此，證件照還規定必須使用臉部的正面照片。不管是側面、上面或斜面都不行，哭泣的表情或悲傷的表情也不行。**明明都是自己的臉，社會卻只接納面無表情的正面照片。**

就連肖像畫，甚至是紙鈔上的人像，也都是正面。翻閱古代的美女畫，大多畫的也是正面，而日本女性化妝，也是對正面的重視大於側臉。

但在古代的埃及，不管是繪畫或雕刻，幾乎都是側面。歐美國家也一樣，例如世界上最初郵票的圖案就是英國維多利亞女王的側臉。紙鈔和貨幣

上的人像，也幾乎是側面。紐西蘭亦然，五元鈔票上的人像是希拉里爵士的側臉。在紐西蘭的照相館裡擺放著橫向椅子，警察在確認嫌犯長相的時候，也是看側面。

雖然各種角度、各種表情都是自己的臉，但其中只有一張臉能夠被社會承認，成為自己的正式長相。

在臺灣人的眼裡……

●臺灣的證件照也會要求拍正面！還要露眉毛、耳朵，都是為了要好好看清楚。

議題 40

不搭乘太過擁擠的電車

香港、紐約

在印度和印尼，乘客無法擠進電車車廂裡時，可能會爬到車頂上去。日本雖然沒那麼誇張，但上下班時的電車同樣擠滿人，乘客在車廂裡緊貼，站務人員也拚命將門口的乘客往內擠壓，這樣的景象在日本可說是家常便飯。

但是在香港和紐約的地下鐵，**不搭乘太過擁擠的電車是常識，站務人員的職責也是勸乘客不要勉強上車**。因為要是隨便接觸或推擠他人，很容易爭吵，甚至還有可能被當成色狼、變態。

香港最有名的雙層巴士為了避免乘客摔倒，規定上層的乘客不能站著。而率先設計成雙層的倫敦巴士，只要車內人數到達上限，就會過站不停。

在日本，當想要從擠滿人的車廂裡下車時，大部分的人不會特地開口要求借過，只要身體稍微接觸他人，大家就會自動讓開，因此有些人會從人群間硬

擠過去。但是在義大利，一定是先問旁邊的人：「你要下車嗎？」如果對方回答：「不下車。」才會說「失禮了。」並從旁邊通過。

雖然只是搭電車禮節，卻是讓各種不同文化和平共存不可或缺的要素。

在臺灣人的眼裡……

●日本的助推員真的很厲害，為了讓乘客都能上車，硬是把人推擠進電車。雖然順利搭上車了，但下次開門時，人不會溢出門外嗎？

議題 41

車廂裡就算有再多座位，也會坐在其他乘客旁邊

伊朗

在日本，如果車廂裡沒有人，乘客大多都會選擇坐在長椅的一側，下一個乘客進來，會坐在長椅另一側，第三個乘客，則會選坐在中間，和前兩人保持距離。不過世界上有些民族，如伊朗，就算長椅上只坐了一個人，下一個人也會自然的坐在前一個人旁邊。

大多數的人都不喜歡被別人碰觸到身體，這是因為擔心身體遭受侵犯。**就像野獸會設定地盤，人類也會在身體四周設下隱形的結界，又稱為「個體距離」，一旦有人越界，就會產生強烈的厭惡感。**

但是個體距離會隨著自己和對方的關係改變。如果是陌生人，就算只是靠近結界也會感到厭惡；但如果是情人，反而會希望對方進入界內。換句話說，兩個人之間接近和接納程度是重要的交流，能夠確認雙方的親密程度。

不過結界的厚度也會隨著民族而有所差異。英國人和日本人的結界較厚，但有些斯拉夫民族的則非常薄，說話時如果沒有近到足以感受到對方氣息，反而失禮。由此可知不同文化間的交流並非簡單的事，有時善意的舉動，反而會讓對方誤以為自己帶有敵意，甚至可能被當成色狼。

在臺灣人的眼裡……

●雖然習慣捷運和公車常常人多擁擠，但突然有人太靠近自己還是會覺得不太舒服。

議題42

不需要自動化

紐西蘭

在紐西蘭，公車的乘客在上、下車時都會向司機打招呼，這是基本舉動。紐西蘭的公車沒有車內廣播，也沒有時刻表，甚至有些站牌並沒有站名，相當不方便，但也正因如此，乘客向司機開口詢問是稀鬆平常的事情，等候公車的乘客也會很自然的互相攀談。

事實上很多國家的公車亭沒有站名，也沒有時刻表，相較之下，日本公車的服務無微不至，有到站指示燈、車內廣播，還有分段乘車券，這讓等車的人不必問發車時間，而乘客只要按下車鈴，就會響起「下一站將停車」的電子音。如果不按鈴，只是告知司機「我要下車」，反而會被當成怪人。

因為追求方便，日本充斥許多「無人」、「自動」的東西，像是不需交談的便利商店、自助結帳櫃臺、自動剪票口、販賣機等。生活越便利，越不

需開口說話。但在紐西蘭，幾乎沒有便利商店和販賣機。由於沒有自動門，先進去的人還得壓著門，方便後面的人進入。搭車時，多數人會坐在副駕駛座和司機話家常。正因為充滿不方便，人和人的關係反而很緊密。如此說來，「便利」真的是社會的必需品嗎？

在臺灣人的眼裡……

●在臺灣，有些人喜歡在傳統市場買菜，能依需求購買，還能請教料理祕訣，這種人情味也很令人喜歡呢！

議題 43

討厭各付各的

韓國

當我們和朋友一同用餐的時候，有時會約好「各付各的」，也就是支付自己的飲食費用，誰也不欠誰。但韓國卻沒有「各付各的」這種事，大多數韓國人都很「雞婆」，如果在餐廳遇上不知怎麼付錢的外國人，可能會連對方的錢一起付掉。用餐時，也常常主動幫同伴分菜。**在他們的觀念裡，「各付各的」很沒人情味，因此基本上都是地位較高或年紀較大的人請客**。就算是平輩朋友，也會說好「這次我請客」、「下次他請客」。中國人也一樣，通常是地位高的人付錢，就算是平輩，也會協調由其中一人支付全部的錢。

一般人都會認為有借有還，接受了恩情就要回報，因此「接受他人請客」也算是負債。當請客的一方是居上位的人，也就是年長者請年幼者、父母請子女、上司請部下、學長姐請學弟妹等，雙方就會一直處於「有借貸關

係」的狀態。如此一來，長幼、尊卑的立場就會更加明確且得以維持。平輩朋友約好輪流請客，也能在群體之中不斷建立借貸關係，讓群體的關係更加緊密，提升彼此的親近感。因此對於「不喜歡各付各的」的人而言，「各付各的」實在是太冷淡、太見外了。

在臺灣人的眼裡……

●原來請客還有這麼深的意義，AA制真是門學問。如果是小錢，互相請客沒關係，但如果是大錢，被請客的人內心也會有壓力吧！

議題 44

殺人凶手必須照顧死者家屬

馬來西亞

人類就和其他動物一樣有著鬥爭本能，會互相爭奪財物、土地、地位、名聲和異性。但鬥爭不僅會造成傷亡，還會擾亂社會秩序，因此不論任何民族，都想盡可能減少族人之間的鬥爭。

馬來西亞的少數原住民族會要求殺人凶手得親自挖掘墓穴埋葬死者，同時還得照顧遺族。換句話說，**殺人凶手必須代替死者背負人生的沉重負擔，如此一來，不僅可以避免家屬為了報仇雪恨而行凶，家屬的生活也可以獲得保障。馬來西亞的法律也認同這樣的傳統做法。**

在菲律賓信仰伊斯蘭的馬拉瑙族（Haranao）極度重視名譽，倘若親人遭到羞辱，無論如何一定要報仇，如果不報仇的話，將會遭受其他族人譴責。不過這僅限於男性，如果是女性的家人遭到殺害則不能親自報仇，只能

把重責大任託付給兒子。另一方面，加害者必須無條件讓自己的女兒嫁進受害者的家族，而且不能收取任何財物（聘禮），雖然會造成女兒未來將過著悲慘的人生，卻有助於化解雙方仇恨，避免陷入報仇的無限循環，可說是相當高明的制度。

在臺灣人的眼裡……

●這是父債子還的概念，臺灣過去也有這樣的傳統，現在則是一切依照法律執行。

議題 45

靠決鬥避免戰爭

澳洲

在澳洲原住民族的傳統社會裡，如果兩個人發生了爭執，居上位者會安排兩人在決鬥場進行一對一的對決。兩人的手裡各自拿著盾牌，以棍棒攻擊對方，打到最後總是會有一名年長的女性出來阻止，這名年長女性會開始祈禱，避免兩人出現傷亡。如此一來，不僅雙方都能保住面子，鬥爭心還能獲得發洩，同時將傷亡降至最低的程度，民族內部仍能維持和平，不至於發展成戰爭，真是高招。

無獨有偶的是在祕魯，如果有兩個男人因為土地邊界問題或三角戀愛關係而發生爭執，在聖誕節這天也會進行決鬥，這就是祕魯有名的「打架節」。但為了避免出現傷亡，決鬥必須受裁判監督，而且旁邊會圍繞著許多看熱鬧的群眾。兩人在眾目睽睽下，我揍你一拳，你踢我一腳，你來我往的

到最後由裁判判定輸贏，兩人當眾人的面握手言和，依規定不能再找對方的麻煩。

像這樣不壓抑族人的鬥爭本能和怨氣，而是在整個社會的管理下給予宣洩的機會，使當事人的心情恢復平靜，是很聰明的情緒發洩機制。

在臺灣人的眼裡……

●這種合法的打架既能抒發不滿情緒，又不至於有傷亡，實在不錯。或許藉著這樣面對面有話直說的溝通，反而更能知道對方在想什麼、生氣什麼吧！

議題 46

以唱歌代替戰爭

阿拉斯加、格陵蘭

居住在北美的阿拉斯加和歐洲格陵蘭的因紐特族（Inuit），每當族人起了爭執，就會以和平的唱歌方式來解決問題。因紐特族的人有一邊拍打用熊的膀胱製成鼓面的鼓，一邊唱歌跳舞的文化習慣。不過這可不是單純的娛樂，一旦個人之間或不同的集團間發生糾紛，**就會有兩個男人在群眾的圍觀下，用自己編的歌來叫囂對方的名字，甚至責罵、譏諷或貶低對方。**

這種以唱歌來決勝負的方式，該如何定勝負呢？答案是由讓圍觀群眾哈哈大笑的一方獲勝。又或者經過長時間纏鬥，唱到其中一方已經沒有歌可以繼續唱下去，就算是敗北。像這種靠唱歌來分出高下的做法，能夠有效發洩雙方的怒氣，化解雙方的爭執。

為什麼因紐特族解決紛爭的方式這麼特別呢？因為因紐特族生活在接近

北極的酷寒環境中，要是族裡的年輕男人因為互相鬥爭而死，除了當事人付出性命做為代價之外，也會給全體族民帶來極大的危險和負面影響。

所以，用這樣和平的唱歌方式來解決爭執，既不會有任何人傷亡，還能抒發族人想拚輸贏的本能和怒氣，是聰明的解決方式呢！

在臺灣人的眼裡……

● 如果大家都能像這樣抒發並緩和情緒，應該就能大事化小、小事化無吧！

議題 47

靠謝罪和贈禮解決爭執

斐濟

美拉尼西亞、法屬玻里尼西亞等太平洋島國的居民非常喜歡喝一種名為卡瓦的飲料。這種飲料是以胡椒科灌木的根製成，對島民而言是喜慶宴客時不可或缺的飲品，喝了之後會產生酩酊的舒暢感，讓人變得較為健談，在宴會上有助興的效果。若是有兩個團體發生政治對立，在談判時雙方一起喝下卡瓦，問題往往就能順利解決，由此可知，卡瓦在島國居民的生活中扮演舉足輕重的角色。

在斐濟島，村民發生爭執並不需要警察出面，也無需訴諸法律。雙方不會持續衝突，而是會想辦法靠謝罪儀式來解決問題。具體來說，當村內出現紛爭，當事人和其所屬的氏族，會帶著在當地可作為交換財（交易時能代替金錢之物）的鯨魚牙齒和燈油罐，前往會見對方的氏族，乞求對方原諒。只

要說些道歉的話，再送上贈禮，對方基本上都會接受，如此一來紛爭就能順利化解。

像斐濟這樣僅比綠島大一點的小島國，如果居民間一直記恨，社會根本無法運作。因此居民自古以來便有「忘懷他人過錯」的寬容文化，這是斐濟最具象徵性的美德。

在臺灣人的眼裡……

●在臺灣，如果和人起爭執了，通常不會先道歉，而是先弄明白是非對錯後，才有可能道歉和原諒。

議題 48

發生爭執就把浮島從中切開

祕魯

在剛果靠採集和狩獵維生的姆巴提族（Mbuti），沒有階級文化，所有族人一律平等，甚至沒有村長類的領袖人物。任何人只要態度高傲或特立獨行，就會引來旁人的冷嘲熱諷，這樣的社會結構不容易產生人際關係上的摩擦，一些個人的小爭執也容易私下解決。如果真無法處理，其中一人會搬到其他的帳篷居住，如此一來拉開距離，兩人就有空間恢復冷靜。姆巴提族的社會還有個特點，任何人只要多拿了物資，旁人就會譴責並要求公平分配，因此每個人所擁有的財產很平均，要搬家一點也不難。

生活在祕魯的的喀喀湖上的烏魯族（Uru），平日都是住在以托托拉草（類似蘆葦的植物）紮成的浮島上，因此沒有土地之類的不動產。當同伴增加，只要多割一些草，把浮島紮得更大就行了；相反的，如果同伴之間發生

不愉快，只要把浮島切開，各自就可以帶著房子離開。這樣不會有土地邊界的糾紛，就算發生了摩擦，也很好解決。

人生在世，摩擦和對立往往難以避免，但烏魯族和我們的最大不同點，在於他們過的是不拘泥於財產或不動產的簡單生活，因此能夠建立起一個隨遇而安的和平社會。

在臺灣人的眼裡……

●臺灣地狹人稠，土地和資源都爭不完，這種隨遇而安的心境真是可遇不可求。

第4部

關於 生活瑣事 的理所當然文化會議

世界理所當然文化會議

人為了在這世上存活，
必須了解周遭的一切，
和廣闊未知世界中正在發生的事情。
而這樣的探索無法假手他人，
應當主動追求。
這世上的國家和民族如此之多，
他們發現了什麼？
他們做了什麼決定？
是什麼理由讓他們如此決定？

世界地圖是南方朝上

澳洲

在位於南半球的澳洲和紐西蘭可以見到南方朝上的世界地圖，從簡易地圖到專業地圖，甚至是普通張貼在學校裡的地圖，都可能和一般我們熟悉以北方朝上的地圖大不相同，乍看之下會以為整張世界地圖放反了。

其實宇宙原本就沒有上下之分，因此不論任何一方朝上都沒關係，端看是從什麼立場或角度出發。**我們所看到的世界地圖都是以北方朝上，是因為地球上大部分的人口和先進國家都集中在北半球，而歷史上的重要事件也大多發生在北半球**。以南方朝上的世界地圖在當地稱為「down under（翻轉地圖）」，可說是遭到歧視的南半球居民對北半球世界觀的一種強烈諷刺。

值得一提的是，中世紀的世界地圖是以現今以色列的首都，基督教的聖地耶路撒冷為中心，並且以聖經記載的伊甸園所在的東方為上方，明顯反映

出了中世紀的基督教世界觀。

日本江戶時代的江戶地圖則是以西方為上方，這是因為當時天皇所在的都城（京都）在西方的緣故。

不論是哪一種「正確地圖」，都反映出每個民族、每個時代的價值觀和世界觀。

在臺灣人的眼裡……

●即使是北方朝上的世界地圖，歐美也和亞洲不同：歐美的是以大西洋為中心，而亞洲則是以太平洋為中心，這樣較方便使用吧！

議題 50

沒有地址的國家

杜拜

日本的都市大多沒有街道名稱，住址都是以「○○町○○丁目○○番地」的街區方式呈現，因此一般人要靠地址找到目的地並不是簡單的事情。相較之下，倫敦、紐約、香港和臺灣的地址都是採道路方式，就算是再短的道路，也會有路名。沿著道路的一邊是奇數號，另外一邊是偶數號，也就是同一條路上的地址都是「○○路○○號」，即使是隔壁的房子，如果大門所面對的道路不同，地址也會完全不同。**這樣的地址好處是只要看地址就知道該往哪條路的哪個方向前進，而且還能知道目的地是在道路的右側還是左側，可見得採用這種地址系統的民族都相當重視移動。**

倫敦的地址相當簡單，只要有E、W、S、N、EC、SW之類表達方向的英文縮寫，再配上郵遞區號，計程車就能順利找到目的地。而且只要有

地址

郵遞區號，郵件或包裹就能寄送到府。

不過要比簡單，倫敦的地址系統還輸了杜拜一截。因為杜拜的郵件全部都是寄到郵政信箱，而非私人住址。畢竟從前杜拜的居民都是遊牧民族，在沙漠上到處移動，沒有地址也是理所當然的事。

在臺灣人的眼裡……

●現在導航發達，在異國旅行已經不再是件難事，只要輸入地址或坐標，就能引導遊客前進該地，十分方便。

議題 51

門口沒有住戶牌

紐西蘭

在紐西蘭，同樣每條路都有路名，兩側分別為奇數和偶數號碼，因此可以判斷出目的地的方向，以及是在路的左側還是右側。**但由於紐西蘭的住戶不會在門口掛出寫著該住戶姓氏的住戶牌，因此就算到目的地，也無法確定那就是要找的住家。**另一方面，日本的道路雖然大多沒有路名，「番地」的順序也亂七八糟，但大部分的屋子都有住戶牌，可以確認是否找對住家。

究竟哪個方法方便？其實說不上來。**但肯定的是大部分國家都和紐西蘭一樣，而建築物會掛出住戶牌的國家除了日本之外，大概只有曾經是日本殖民地的韓國吧！**

在日本江戶時代的江戶地區到處是領主和武士的宅邸，但只有商人、工匠居住地區有町名，而且僅有武士、醫師、狂言師（傳統戲劇表演者）等特

定職業的住處才會掛住戶牌。

當時的江戶居民要去別人家，只能拿著地圖，沿路比對寺廟、橋和坡道，好不容易才能走到目的地。不過即使在現代，東京仍有許多路口、公車站牌和車站沿用從前的寺廟、橋和坡道的名稱，從這看來，東京街道和數百年前或許沒有太多差別。

在臺灣人的眼裡……

● 臺灣也曾經有過日治時期，因此現在有些老宅可能還保存當時的住戶牌呢！

議題 52

總面積的六成不屬於任何地方政府

美國

在日本，就算是剛形成的海埔新生地，也會被規畫在某地方政府的管轄範圍內。雖然地方政府之間有時會發生界線認知不一致的狀況，但幾乎全部的國土都隸屬在某市區町村之中。

但是在美國，有些地區不僅沒有地址，而且不屬於任何地方政府。**特別是加州，總面積約有六成都屬於沒有地方政府的土地。**

這是因為國家的成立方式不同，才有了這樣的差異。日本的每個地方政府都是由國家畫定範圍，但美國卻是先有移居者所組成的地方政府，然後這些地方政府再組成國家。在不屬於任何地方政府的地區，居民只要獲得當地人口數的四分之一連署，備齊包含財政資金在內的各種行政運作條件，得到專門機構核可並在居民投票中取得多數居民的同意，就可以成立新的地方政

府。例如洛杉磯西北方一座人口約三萬五千人的都市「西好萊塢」，正是一群同性戀者為了守護生活和社區安寧，而在一九八四年申請成立的新地方政府。

反過來說，只要居民沒有申請成立政府，該地就是不屬於任何地方政府的地區。

在臺灣人的眼裡……

●由當地居民組成的政府，可能在居民意識上會更加團結，也可以實踐地方共生，彼此合作、互助，感覺挺好呢！

議題 53

「往前」的箭頭向下，「退後」的箭頭向上

法國

一般人被扔在一望無際的雪地、沙漠，或鬱鬱蒼蒼的叢林裡，每個方向的景色看起來都大同小異，看不見任何可以作為參考的標示物，肯定馬上就會迷路吧！但是在沙漠、叢林或極地裡生活的人，卻可以在景色中自行找出標示物，完全不會迷失方向，在我們看來簡直像是擁有超能力。

但是這些超能力者一旦到了東京這個大都會，在換車或找廁所的時候也會找不到路，因為車站沒有植物的變化，沒有積雪形狀的變化，也沒有動物的痕跡，換他們找不到東西可以當標的物。此時在他們的眼裡，能夠一眼就看懂指示標誌和箭頭並且快速移動的東京人，才是真正擁有超能力的人。

然而這些東京的超能力者到了巴黎或維也納，一身本領馬上就無用武之地。例如想上廁所，可能照著指示箭頭走了半天，卻還是找不著。因為在日

本和臺灣，「往前」的箭頭是向上，「退後」的箭頭是向下，這是基本常識，但是在巴黎和維也納卻剛好相反，「往前」的箭頭向下，「退後」的箭頭向上，就算是超能力者也會喪失方向感，只能像沒頭蒼蠅一樣在車站裡亂鑽吧！

在臺灣人的眼裡……

●箭頭方向指示不同的確很容易形成誤會，就像英國把臺灣普遍認知的1樓，稱為地面樓，然後把臺灣的2樓稱為1樓，也真容易造成困擾呢！

議題54

不只是手指，全身都可以用來數數

印尼

會用「正」字來計算得票數之類的數字是日本、臺灣、韓國等漢字文化圈的共同習慣；但在美國、法國、菲律賓、緬甸等國家，卻是畫四條直線代表一到四，上頭再畫一條斜線代表五。

以手指數數的時候，日本人是依照拇指、食指、中指的順序往內折，德國人、法國人和西班牙人卻是先握拳，再從拇指開始依序往外翹。

越南人數數雖然也用手指，數的卻是指關節。他們會以左手拇指指向小指的第一指關節、第二指關節、第三指關節，代表1、2、3，依此類推，無名指的指關節代表4、5、6，中指和食指代表7、8、9和10、11、12。如果還數不夠，拇指還可以代表13、14，接著還可以回到小指，代表15、16、17。一隻手掌從小指到食指可以數到12，據說這種方式用來計算生

肖相當方便。

居住地在印尼的科羅威族（Korowai）不僅會蓋樹屋，而且當他們在數數時，如果手指不夠數，會連手腕、手肘根部、手臂、耳朵和頭部都用上。

雖然數數的方式五花八門，但共同的特徵是以有形的身體部位來代表無形的數字。

在臺灣人的眼裡……

● 臺灣人比6的時候最特別，只展開大拇指和小指，這種比法和其他國家不一樣喔！

議題 55

九九乘法要背到第二十排

印度

說起九九乘法，日本和臺灣、中國一樣，都是從「一一得一（1×1＝1）」背到「九九八十一（9×9＝81）」。在韓國，背法也是大同小異，最後都是背到「九九」。

這是因為九九乘法是在西元前八世紀左右由中國人發明，在日本的奈良時代（710～794年）流傳至日本，所以背法十分相似。不過古代的中國人是從「九九八十一」開始背起，所以才會稱為「九九乘法」。

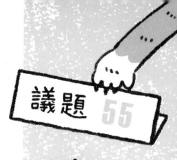

義大利和德國的孩子比我們還要辛苦，因為他們必須背到「乘十」的部分，也就是像2×10＝20、3×10＝30等這種其實不用背也知道的部分都必須背起來。至於新加坡、泰國、寮國、澳洲等國家的孩子，那就更辛苦了，他們必須得背到第十二排，也就是12×12＝144。不過，背到十二有一個好

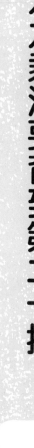

9×7=63
9×8=72
9×9=81
九九八十一……
這個好難背……
99×97=9603
99×98=9702
99×99=9801
嗯！超級難背吔……

處，那就是在計算「打」和「時間」的時候相當方便。

在IT大國印度，大部分的孩子必須背到第二十排，有些學校甚至會要求學生背到第九十九排，也就是99×99，真不愧是發現「零」的民族後代子孫啊！

在臺灣人的眼裡……

● 九九乘法表對小朋友而言已經是很大的挑戰了，竟然有國家還需要背到兩位數，這樣一來，可能喜歡數學的人會更少了。

TAIWAN

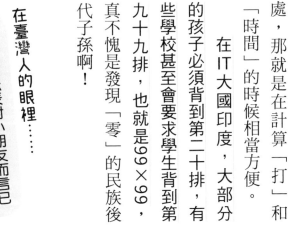

議題 56

以手指算乘法

法國

法語中的「80」叫作quatre vingts，字面上的意思是4×20，而「98」叫作quatre vingt dix huit，也就是4×20＋18的意思。感覺起來很複雜，**不過法國人有一個很厲害的地方，那就是他們的九九乘法只要背到5×5，剩下的部分可以用手指頭計算**。例如想要算7×8……

①以左手比出7。從拇指依序往內折，代表1～5，接著豎起小指代表6，再豎起無名指代表7。

②以右手比出8。從拇指依序往內折，代表1～5，豎起小指代表6，豎起無名指代表7，豎起中指代表8。

③將豎起的手指數量相加，就是十位數的答案，左手有2隻，右手有3隻，2＋3＝5，所以十位數是5。

④將折起的手指數量相乘，就是個位數的答案。3×2＝6，所以個位數是6。

將十位數和個位數合起來，答案就是56。

7×8的答案確實是56，這樣的計算方式雖然沒有錯，卻很麻煩，雖然不用背九九乘法，但恐怕會因此而變得討厭算數。

在臺灣人的眼裡……

●這種算法感覺好麻煩，那超過100怎麼算呢？還是乖乖背好九九乘法表吧！

議題 57

看月亮就知道日期

印尼

歲月的計算方式並非全世界都一樣，例如臺灣早期是以農曆一月一日作為開端，至今端午節、中秋節依然是農曆節日；日本和歐美則是以西元一月一日作為一年之初，然而伊斯蘭國家的伊斯蘭曆必須觀察月亮，以新月出現為每個月的一日；北美的原住民是以春分或秋分、西伯利亞的尤卡吉爾族（Yukaghir）是以夏至當一年的起始點；古代的中國人則將冬至當一年的開端，因為他們相信一切生命源頭的太陽會從這天起恢復生命力。

一年分成多少季節，各民族也不相同。例如巴布亞紐幾內亞的瓦勒摩村，將一年分成九季再加空白季，每季都以能捕到的魚類和捕魚方式命名，空白季則是捕不到魚的季節。這種和生活結合的季節計算方式真方便。

日期也不見得是以一日、二日來計算。例如印尼婆羅洲的達雅族

我想確認一下行程……下次打獵是之日？
不，下次打獵是之日。

（Dayak），以月相來表示每一天，只要看天空就知道日期，非常方便。

一般觀念裡，時間是從過去到未來以直線前進，但並非所有人都這麼想，例如因紐特族就沒有「年」的時間單位，日子是冬春夏三季不斷輪替。關於時間，各民族都有各自的看法。

在臺灣人的眼裡……

●原來以前是以冬至為新年，難怪有「冬至湯圓吃了大一歲」的說法。

TAIWAN

議題 58

機票的價錢依體重決定

薩摩亞

為了確認自己和他人的不同，我們都會記住自己的年齡，但是年齡有好幾種算法，例如「虛歲」是生下來就算一歲，過完年全部的人一起增加一歲。這是從中國和朝鮮半島傳入日本的習慣，臺灣有些家庭也會這樣算，而日本在二戰前和戰爭期間也是採這樣的計算方式。這種計算方式重視的是人民身為國家一分子所肩負的職責，而非每個人的獨特性。

世界上也有一些民族並不在乎年齡，例如位於太平洋，重視上下關係的紐幾內亞，很多人不記得自己幾歲，一來是居民大多只能計算十至二十左右的數字，二來只要記得出生順序就能清楚上下關係，並不需要知道年齡。

江戶時代的日本人則不需要記住自己的三圍。女性開始重視三圍，是因為想在穿著上展現身材曲線，這其實是二戰結束後，美國文化傳入日本的影

響，在此之前，日本人穿和服的重點反而是隱藏身體曲線。

在肥胖者特別多的南太平洋薩摩亞，有些公司的機票會依體重來決定。飛機確實和一般運輸工具不同，有嚴格的重量限制。人本來就有許多可以計算、測量的要素，要計算什麼、測量什麼，反映出各民族和時代的價值觀。

在臺灣人的眼裡……

● 如果按照體重，幼童是不是較便宜？但無論胖瘦都占一個位置，似乎也不太公平。

第5部

關於維持生計的理所當然文化會議

世界理所當然文化會議

一個人想要活下去，就得吃東西。
而且人的身體不喜歡冷，不喜歡熱，
很害怕受傷，也不喜歡髒汙。
所以人必須穿衣服，必須穿鞋，
必須想辦法去除身上的汙垢。
人身為動物界的一分子，
這些是存活下去的絕對條件。
但是人和其他動物不同，
吃什麼、怎麼吃；
穿什麼、怎麼穿，
都有著各式各樣的規範。

議題 59

沒有正餐和零食的區別

紐西蘭

法國人有時候會把米灑在路上給鴿子吃，凡是日本人看了都會大吃一驚，認為這實在是太「暴殄天物」了。日本是稻米之國，稻米對日本人來說是重要的主食，但是對法國人來說，稻米只是一種蔬菜，餵給鴿子吃也沒什麼不好。

紐西蘭人的晚餐，大多是把蔬菜、肉、派等食物放在同一枚盤子裡，碳水化合物可能是馬鈴薯，也可能是米飯、義大利麵或麵包，而且最大的熱量來源，往往是餐後的超甜甜點或午茶時間吃的餅乾。此外，一邊看電視一邊吃的炸魚薯條，對他們來說也可能是正餐。**對紐西蘭人來說，沒有什麼是正餐、什麼是零食的觀念，當然也沒有非吃正餐不可的觀念。**

所謂的主食，其實也分很多種類，對華人來說米飯雖然是主食，但並不

是所有的華人都是以米飯為主食，例如在中國北方的寒冷地區，由於沒有辦法種植稻米，所以主食是水餃和饅頭。在日本，有所謂的煎餃定食，也就是煎餃配上米飯，對臺灣人來說，這是一種主食配主食的奇妙吃法。

在臺灣人的眼裡……

●如果零食也可以當正餐，相信很多零食控的人都會很開心，不用再被強迫一定要乖乖吃飯配菜了。

議題 60

番茄是水果還是蔬菜？

韓國

韓國人把刨冰稱為「冰水」，在「冰水」的上頭有時會放一顆番茄。在韓國想買番茄，得上水果店或超市的水果賣場，在果汁吧檯，還有番茄汁可以點。

「番茄究竟是蔬菜還是水果？」這個陳年議題已經不屬於植物學上的管轄範疇，而是用法上和文化上的分類。像是韓國人會在番茄上灑糖，當成水果來吃。事實上日本在生菜沙拉並不普遍的昭和三〇年代，農村裡的人也會吃灑糖的番茄，因此在日本也有一些人把番茄當成水果。

西太平洋島國密克羅尼西亞中的雅浦島，居民會煮西瓜來吃，所以西瓜在雅浦島並不是水果，而可能是蔬菜。在伊朗，小黃瓜是配紅茶吃的點心，所以在當地小黃瓜算是水果而非蔬菜。

而美國人的觀念裡，什麼是蔬菜、什麼是水果，並沒有明確的界線，因此他們看見日本的水果店把哈密瓜放在桐木盒子裡販售，都很驚訝蔬菜竟然也能變成禮盒，而且價格還如此昂貴！

在臺灣人的眼裡……

●在臺灣，比較傾向大番茄是蔬菜，小番茄是水果的分法，所以在市場買大番茄，去水果行買小番茄。但這並不一定，有時小番茄會入菜，或南部地區有將大番茄切片沾薑汁醬油的吃法。

議題61

綠茶裡一定要加糖和牛奶

泰國

菲律賓料理大多鹹、酸、甜，除了少部分地區之外，基本上不吃辣。

土耳其人喜歡吃甜到讓人頭痛的甜食，端給客人吃的甜點也是越甜越代表誠意，而且喝紅茶的時候，就算是一小杯紅茶，也要放兩顆方糖，甚至在土耳其北部的紅茶產地里澤，依傳統喝紅茶要咬著砂糖喝，不然不夠甜。

另一方面，泰國料理雖然是以辣聞名，但飲料的話，也是追求甜死人不償命的境界，即便是原本就很甜的熱可可，也會附上砂糖，而綠茶裡加了牛奶和砂糖更是常見的喝法，有些綠茶裡甚至會加入煉乳。

香港人會喝水蜜桃口味和蘋果口味的綠茶，愛吃辣的韓國人也會喝以綠茶泡的甜檸檬茶。這些喝茶的文化都和日本人截然不同，日本的茶基本上不會加糖，所以很難接受有甜味的茶。韓語裡有將近二十種詞彙可以代表

「甜」，但日語裡只有一個詞是用來形容甜味。而且在進入昭和時代（1926～1989年）之前，男人如果吃甜食會被視為是相當丟臉的行為，可見日本人在傳統上是個不習慣吃甜食的民族。

在臺灣人的眼裡……

●相對於其他熱愛甜食的國家，臺灣人比較沒有那麼熱愛甜食，甚至會把「不會太甜」當作對甜食的稱讚呢！這對其他國家的人而言也不可思議吧！

議題 62

胃腸藥也是超辣咖哩口味

印度

這世界和你想的不一樣

在日本說起果凍，大家都會認為那是甜點。但是在西班牙和英國，果凍不是甜點，而是清湯凍或蔬菜凍之類的料理。因為甜的果凍在這些國家並不普遍，所以在他們的觀念裡，果凍不是甜點而是餐點，是用來入菜的。

同樣的道理，在日本說起派，大家都會認為那是甜點，但是對於最喜歡吃甜點的紐西蘭人來說，聽到「派」只會聯想到加入了蔬菜和肉類的肉派，那是鹹派的作法

印度人最喜歡吃辣。在印度，有一款名為「HAJMOLA」的胃腸藥相當有名，在印度的市占率高達七十五%。這款胃腸藥**明明是藥物，吃起來卻是咖哩口味，而且辣到令人不敢置信**。

不過，畢竟印度是多民族國家，國內各地的文化並不相同。印度西部的

吃太多超辣咖哩，胃腸有點不舒服……
吃個胃腸藥好了。
超辣咖哩口味

古加拉特州的傳統料理就很甜，不論湯或咖哩都加入了大量的砂糖，推翻印度人喜好辣物的印象。由此可知，即便是在同一個國家之內，飲食文化也會有如此巨大的差異。什麼食物該是甜的，什麼食物該是辣的，不同民族自有不同的判斷和習慣。

在臺灣人的眼裡……

●印度人要是吃了臺灣醫生開給孩子的甜藥水，應該也會大吃一驚吧！

TAIWAN

議題 63

料理只管好吃，不管好不好看

印尼

印尼的料理大多不怎麼好看。水煮鴨蛋是灰色，豆芽菜是土黃色，香燉牛肉湯是深黑色。就連節慶時不可或缺的椰子糕，**明明是這麼好吃的甜點，顏色卻是深褐色，照片拍起來實在是有點醜**。

另一方面，在密克羅尼西亞的雅浦島，因為曾經受日本統治的關係，居民喜歡吃飯糰，不過，他們的飯糰並不是只用白飯捏成，而是會加入橙、藍、綠等顏色食材，看起來鮮豔華麗。

視覺也是享受食物的重要環節。很多餐廳的門口櫥窗不是有看起來美味的假餐點嗎？那是日本人發明的模型，可見日本人非常重視食物視覺。

相較之下，印尼人則認為料理只要好吃，外觀好不好看並不重要，就算是讓人看了就不想吃的灰色，他們也不會在意，由此可看出印尼人是個謙

雖然不好看，
但很好吃唷！
0 個讚
滋味比外觀重要

虛、喜歡簡樸的民族。至於雅浦島的居民，有超級美味但其貌不揚的芋頭料理，有五顏六色的飯糰，甚至連色彩繽紛的熱帶魚也可以成為桌上佳餚，代表他們是滋味外觀並重的美食愛好民族。

在臺灣人的眼裡……

●在串流媒體盛行的年代，餐點要好看，才能透過網路讓大家「視吃」，引起食慾，感受到食物的美味。

TAIWAN

議題 64

吃石頭的人

肯亞

人類是一種雜食性動物，什麼都能吞下肚。肯亞的居民會吃一種名為「odowa」的軟質石頭，居住在非洲中央至幾內亞灣沿岸一帶的民族則會吃富含礦物質的黏土。

另一方面，居住在非洲另一個國家波札那的桑人（San）絕對不吃禿鷹、獅子和鬣狗，因為這些動物都會吃人的屍體，吃了牠們就等於是吃人肉。另外，泰國人在森林裡打獵的時候，只吃兔子、野豬、鹿、野牛等動物，但不吃猿猴，因為他們相信猿猴是人類的子孫。

在泰國流傳這樣的古老傳說：從前有位母親生了十二個孩子卻無力照顧，這些孩子只好自己到森林裡找野果吃。不久後，這些孩子的身上竟然長出了毛，成了一頭頭猿猴。也就是說，猿猴是人類退化而來，算是人類的子

最近我有些脾氣暴躁，可能是缺乏鈣質。
吃一點石頭吧！
咬
咬

孫，所以不能當作食物。

從以上的例子，可以看出各民族會自己認定什麼食物可以吃、什麼食物不能吃、什麼食物是珍貴佳餚。大多數的民族都會把自己的常識認為是理所當然，並且譏笑其他民族所吃的食物。

在臺灣人的眼裡……

●曾經有過「外國人最不能接受的臺灣食物」調查，其中豬血糕、臭豆腐、皮蛋紛紛上榜，這也令臺灣人感到不可思議，明明就是很好吃的食物啊！

TAIWAN

議題 65

使用刀叉吃香蕉

紐西蘭

我們吃香蕉，都是將皮剝一半，用手抓著下方，從上半截大口咬下，這種吃法如果被紐西蘭人看見，一定會大笑我們是「猴子」吧！對他們來說，將香蕉去皮後放在盤子裡，以刀叉來食用，才符合禮儀。

另一方面，紐西蘭人在用餐前頂多只會祈禱，不會說「我要開動了」和「謝謝招待」之類的禮貌用語。他們往往看時間差不多了就開始用餐，吃飽了就結束用餐。除此之外，也不會說「我要出門了」、「回來了」、「你回來啦」之類的話，感覺什麼事情都沒有明確的開始和結束。不過，猴子也一樣不會說「我要開動了」和「謝謝招待」之類的禮貌用語。

每個民族都有自己的餐桌禮儀，有些要求不能使用左手，有些要求餐刀一定要用右手拿，規矩可說是五花八門。然而各民族有一個共通點，那就是

喜歡用動物來比喻進食方式，例如日本有「吃飽就躺著會變成牛」和「不能像狗一樣以口就碗」之類的說法，形容大胃王會說是「馬食」，而紐西蘭人也會說「eat like a horse」。仔細想想，人類真是奇怪的動物，喜歡避免依循本能進食，藉此凸顯人類和其他動物不一樣。

在臺灣人的眼裡……

● 臺灣的飲食文化很少生食，就連蔬菜也習慣炒熟，和外國人喜歡吃生菜不一樣呢！

議題 66

徒手吃飯

印尼

許多人乍聽印度人和印尼人是用手吃飯，都下意識覺得有點不衛生，也不太雅觀。

但換個角度想，**以手用餐的民族除了能夠以舌頭品嘗美味之外，還能以手指品嘗美味，也就是每次用餐都能夠嘗到兩種美味**。而且只要實際嘗試過就會發現，以手用餐一點也不容易，需要的技巧難度不輸給用筷子。

印尼人在用餐前會先把右手洗乾淨，用餐時輕輕混合少許的菜和飯，將飯菜放在三根手指的第二關節前方，接著將手指彎呈圓筒狀，以拇指將飯菜推入口中。就連有湯汁的菜餚，也是只以手指將菜餚和飯混合在一起放入口中，這技術可不是任何人都做得到。就和我們小時候必須花時間學用筷子一樣，印尼小孩也是從小學習如何用手吃飯。

日本人用餐基本上會使用筷子，但也有例外，好比可以用手拿壽司吃，但吃法還是有一些規矩，不能像野生動物一樣粗魯的進食。用餐時需學會特定的技術，依循著特定的禮節用餐，這一點不論任何國家的任何民族都是相同的。

在臺灣人的眼裡……

●雖然覺得印度人用手吃飯很稀奇，但其實我們也會用手吃很多食物，例如包子、饅頭、炸雞、漢堡等，這樣想來也就見怪不怪了。

喝酒賞花會被警察抓

紐西蘭

每年九月紐西蘭的櫻花盛開，公園裡放眼望去全是櫻花樹，十分壯觀，卻沒有人會坐下來邊喝酒邊賞花。事實上，賞花是日本的獨特文化，而紐西蘭的法律禁止民眾在公共場所飲酒，所以若是在紐西蘭的公園裡喝酒賞花，可是會被警察抓的。

在美國，法律雖然允許民眾在公園烤肉，但同樣禁止飲酒，即便是在夏威夷的海灘上也是一樣，除非是在飯店的服務區內。相較之下，日本人不僅賞花時會喝酒，甚至會在電車裡喝酒，日本人真是對飲酒寬宏大量的民族。

事實上許多民族排斥喝酒行為，例如在印度，認為喝酒不好，所以酒館大多隱藏在暗巷裡。當然當地也有愛酒之人，但只能偷偷摸摸的喝，因為如果父母知道，可能會被斷絕關係；如果上司知道，評價可能會被大打折扣；

還有女性若在印度喝酒，就算是外國人也會引人側目，甚至在印度的某些州，還有禁酒法和禁酒日。在甘地誕辰紀念日和獨立紀念日，印度全國都是禁酒的。

沙烏地阿拉伯對酒的限制更嚴格，即使只是帶含酒精的調味料入境，也會遭受處罰，一定要特別小心。

在臺灣人的眼裡……

●臺灣人對酒沒有特別的偏見，只要不成癮、注意健康，基本上都能自由喝酒，有「小酌怡情」的文化。

議題 68

在酒吧喝醉酒會被趕出去

紐西蘭

紐西蘭人雖然不能在公共場所飲酒，但是愛喝啤酒的人很多。以前很多人喜歡在午餐時喝上一杯，不過他們的觀念裡，在公共場所喝醉很丟臉，而且要是在眾人面前露出醜態，例如發酒瘋或嘔吐，將會使自己失去社會信用。同時酒吧都雇有保安員，不小心喝醉就會被趕出去，因此大部分的人還是喜歡在家裡喝酒。

在美國，喝不喝酒是個人的自由，因此以強硬的態度勸酒會被視為是相當失禮的行為，而且在他人面前喝醉同樣是禁忌，不僅自己會感到無地自容，大家也會覺得這個人沒有自制能力。

葡萄牙人和同樣說葡萄牙語的巴西人也都對醉漢不寬容，把露出醉酒醜態當成沒面子的事，而且在巴西還有個更麻煩的隱憂：一旦在外頭喝醉酒，

放開我！我沒醉！

身上的財物可能會被偷走，實在是得不償失。

反觀日本，醉漢就算躺在電車裡睡覺也很安全，這可以說是日本社會的優點之一，但是在紐西蘭，醉漢光是在公車的座位上躺下來，都會被趕下公車，到紐西蘭遊玩的外國人也只能入境隨俗，自我約束了。

在臺灣人的眼裡……
●路旁有醉漢躺著睡覺的日本，真的挺古怪呢……
TAIWAN

議題 69

酒是餐後享用之物

韓國

雖然俗話說「酒可以治百病」，但畢竟還是有風險，所以會喝酒的民族都會訂下一些喝酒的規矩。例如紐西蘭人規定倒啤酒不能起泡、巴西人規定不能讓別人幫自己倒酒、斯洛伐克人規定乾杯時必須看著對方的眼睛、蒙古人規定乾杯後得先以右手無名指輕輕沾一點酒，彈一點到天上，彈一點到地上，最後再抹一點在額頭上，代表感謝和祈禱之意，接著才能開始喝酒。

日本人上居酒屋，大多都會先喝幾杯啤酒才開始用餐，**鄰國的韓國人則喜歡晚餐後再喝酒，因此居酒屋總是在晚上九點之後，客人才開始變多**。韓國人乾杯通常是用燒酒或威士忌，而且還有一些禮儀規矩，例如要用雙手為長輩斟酒，在長輩面前喝酒要將臉朝向一旁，以及女性要幫忙斟酒等，其中最麻煩的恐怕就屬「獻杯」了。不管是在宴會上，或是酒館裡老闆、酒侍小

姐和客人間，甚至只是隔壁的陌生人，都有可能互相「獻杯」。當拿到對方的杯子，一定要把酒喝乾，再回獻給對方一杯酒。如果不照做就會被當成「無情之人」。韓國人認為透過「獻杯」，雙方才能增進「感情」，可見韓國是重情的國家。

在臺灣人的眼裡……

●臺灣人也有「乾杯」文化，但這樣喝容易醉也容易傷身，所以出現了「我乾杯，你隨意」的講法，讓對方量力而為即可。

議題 70

穿睡衣走在街上是時髦的行為

中國

加拿大的學校會舉辦一種名叫「睡衣日」的古怪活動，讓老師和學生在這一天穿睡衣到學校上課。不過這沒什麼，在中國上海這個滿是摩天大樓的大都會，也有人會穿著睡衣到超市或傳統市場購物，或到路邊攤吃東西。

在我們的觀念裡，穿睡衣出門是丟臉的事，但是**在上海，睡衣被視為一種相當時髦的服裝**。一九二〇年代，上海受歐美各國和日本掌控，到處是外國的租界，當時的上海人看見歐美人所穿的睡衣，心裡充滿了嚮往，打從那時起，上海人就認為睡衣是新潮西洋文化的象徵。

在上海，甚至還有專門賣睡衣的服飾店，表示穿著睡衣出門不僅不是件丟臉的事，還是種走在時尚流行尖端的行為。不過在二〇一〇年即將舉辦世界博覽會之際，市政府開始向民眾宣導「不要穿著睡衣出門」。畢竟博覽會

將吸引大批外國人造訪上海，政府覺得讓外國人看見上海市民穿著睡衣在街上走動是件丟臉的事吧！

文化不同，時尚的定義也會不同，像上海政府這樣太過在意外國人的目光，結果引來了廣大市民的反感。

在臺灣人的眼裡……

●在臺灣通常也不會將睡衣穿出門，除了怕失禮之外，同時也不想將外面的灰塵帶進家中。

議題 71

再寒冷也不穿衣服

萬那杜

太平洋萬那杜塔納島上的亞凱爾族（Yakel）男性，平日只在腰間圍著一條掛有稻草的繩索來保護重要部位，不管天氣多冷都不會多穿衣服，因為這就是傳統，是理所當然的事。每當晚上，族人會燒一些木柴，互相依偎著身體取暖，真是很愛忍耐的民族。在他的觀念裡，衣服不是用來禦寒，也不認為身體有遮蔽的必要。雖然近年來，他們進入市鎮時會拿一片大葉子掛在腰上，不過那也只是為了配合市鎮的習俗，平常身上還是幾乎一絲不掛。

居住在巴西熱帶雨林地區的佐埃族（Zoe），在一九七五年被世人發現時，震驚了全世界，因為他們是最後一支石器時代民族，而且身上完全不穿衣服。

然而他們的身上倒也不是什麼都沒有。他們會在下嘴唇挖一個洞，穿

入一根名為「poturu」的木棍。只要嘴唇上有這根木棍，就是正式的穿著打扮。因此當他們看見嘴唇上沒有木棍的文明人，會覺得很害羞，就像我們看見他們沒穿衣服一樣。不穿衣服對他們來說是理所當然的事情，他們想必無法理解文明人為何對此感到好奇。

在臺灣人的眼裡……

●遠古人類原本就沒有衣著，就像動物一樣，是社會規範下才漸漸穿了衣裳，現在反而覺得裸體令人驚訝，似乎人類已經失去初心了。

議題 72

兩腿沒包起來，等同於全身赤裸

密克羅尼西亞

世界和你想的不一樣

雅浦島是座熱帶島嶼，女性居民只穿草裙和配戴項鍊，上半身完全赤裸，這一點他們不覺得有什麼。因為根據傳統文化，女性露出腳等於沒穿衣服，雅浦島女性會穿很長的草裙，一直蓋到腳踝。反觀穿著短裙或短褲在街上走的日本女性，**對雅浦島人而言，就像是不知羞恥的裸體民族**。

在沙烏地阿拉伯，即便是男人在街上穿著短褲也是犯罪行為，會遭宗教警察逮捕；在土耳其，男人就算在公共澡堂裡也必須包裹長長的腰布。像日本的溫泉或公共澡堂這樣所有人都一絲不掛，對他們來說是無法想像的。

在歐美人的觀念裡，洗澡是種私密行為，沒有辦法接受和他人一起洗澡，當然也不可能像日本人一樣一大群人享受溫泉泡湯的樂趣。

對裸體是否感到羞恥，每個民族的觀念並不相同，但除了人類以外的動

真不知羞恥！

物，都沒有穿任何衣物，也不認為這是什麼羞恥的事情。由此看來人類的共通特性，是抱著羞恥的眼光看待與生俱來的身體，身上一定要穿戴一些東西，並且將原本相連的身體區分成許多部位，規定哪些部位必須隱藏起來。

在臺灣人的眼裡……
●歐美人雖然不習慣和陌生人一起洗澡，卻有天體營，在海邊也常穿著比基尼晒日光浴，這在保守的東方人看來也很暴露呢！
TAIWAN

議題 73

下雨也不撐傘

法國

說起越南，聯想到的可能都是宛如蝗蟲大軍般塞滿整條道路的機車，一到下雨天，還會出現許多披上巨大雨衣的雙載機車，其驚人的氣勢，和平日只是宣導騎腳踏車不能撐雨傘的日本不可同日而語。在作風如此大膽的越南，許多人遇上下雨天就會取消約定，不過一旦開始下雨，就會出現許多賣雨衣小童，因此就算沒帶雨具也完全不用擔心。

在我們的觀念裡，淋雨不僅會很冷，而且還會弄髒身體。但在世界上，有很多民族是不撐雨傘的。例如法國人，除非遇上滂沱大雨，否則基本上不撐雨傘，而且幾乎不會有人帶著雨傘出門。

紐西蘭的情況更誇張，很多人根本沒有雨傘。百貨公司裡所賣的傘，都是大型的遮陽傘。如果雨勢不大，紐西蘭人根本不當一回事；如果雨勢太

大，就會找個地方悠哉的避雨，直到雨停。畢竟紐西蘭有許多人是以畜牧和務農為生，撐傘沒有辦法勞動，而且在他們的觀念裡，撐傘是種軟弱的行為。更重要的一點，是他們的生活步調沒有那麼急，生活中沒有什麼必須撐著傘馬上做的事情。

在臺灣人的眼裡……

●如果每次下雨都要等雨停再走，那臺北人幾乎什麼事都做不了了。

議題 74

身體可以溼，帽子不能溼

玻利維亞

在下雨天，印尼人若是上班遲到，並不會被上司責罵，印尼人通常不撐傘，只會找地方避雨到雨停為止。在平日很少下雨的歐洲古代，並沒有「雨傘」這種擋雨道具，直到十九世紀之後，開始流行體育運動，才有類似雨傘的物品問世。在此之前，如果碰到下雨，頂多只會找個東西蓋在頭上擋擋雨而已。

古代的日本人，下雨天會戴上遇水膨脹、乾燥收縮的斗笠。在玻利維亞的拉巴斯，有許多女性在下雨天雖然不會撐傘，卻會在頭上套一個塑膠袋。**對於身體淋溼她們並不在意，因為只要塑膠袋裡的高帽子不淋溼就行了。**

或許有些人會感到好奇，既然帽子比身體重要，為什麼還要在下雨天戴帽子出門呢？但是對於這些安地斯山脈的女性來說，高帽子就和她們那輕飄

飄的長裙一樣，是非常重要的民族服裝。她們出門一定要戴帽子，而且這些帽子往往是手工製作的高級品，絕對不能淋溼。最後想出來的方法，就是在頭上套塑膠袋。愛漂亮和忍耐是一體兩面的事情，這點對任何國家的女人來說都一樣。

在臺灣人的眼裡……

●臺灣有句俗諺說「愛美就不怕流鼻水」。即便是在寒冷天氣，很多愛漂亮的男女都會覺得穿得好看比穿得暖和重要，看在老人家的眼裡也是嘖嘖稱奇。

議題 75

害怕下雨的人

埃及

這世界和你想的不一樣

二〇一六年一月二十四日，日本沖繩縣的名護市下起了雪，引發熱烈討論，這是當地有史以來第二次下雪，前一次下雪是在三十九年前。事實上埃及的開羅也曾經下雪，不過頻率是數十年一次。在埃及別說是下雪，就連下雨也很罕見，一個月的降雨量最多五毫米，所以沒有排水溝之類的設施。每次下雨，孩子都非常開心，但城鎮往往得面臨好幾天積水不退的窘境。

在埃及的沙漠地帶，降雨量更少，往往數十年才下一次雨，有些年輕人甚至沒見過雨。正因為下雨在當地是罕見的現象，**有些人會在下雨時嚇得手足無措，不敢出門工作，整天躲在家裡動也不敢動**。

另一方面，也有一些民族不討厭、不害怕雨，甚至非常喜歡，例如在紐西蘭，就算是再氣派的房屋，往往採用鐵皮屋頂，因為一旦下雨就會發出極

為響亮的雨聲。外國人或許不明白他們為什麼不使用更佳材質的屋頂，但其實是有原因的。在紐西蘭只要下雨，牧草和蔬菜都會長得更快、更好，可說是名副其實的天降甘霖。對酪農業者和農家來說，雨聲是悅耳動聽的「音樂」，才不是什麼噪音。

在臺灣人的眼裡……

●對於春天有梅雨、夏天有颱風，秋冬有東北季風，一天到晚下雨的臺灣來說，竟然有沒見過雨的人，這實在是太不可思議了！

議題 76

下雨天也不收衣服

紐西蘭

這世界和你想的不一樣

紐西蘭人並不使用我們平常晒衣服所用的晒衣架或晒衣竿，他們用的是一種宛如陽傘骨架的巨大金屬架，上頭綁了一些繩索，看起來像蜘蛛網或是張開的雨傘傘骨一樣，稱作「hills hoist」。這種金屬骨架就豎立在庭院裡，風一吹就會開始轉動，讓每一件衣服都能晒到陽光，這樣衣服會乾得比較快，十分方便。

除此之外，紐西蘭人還會使用一種名為「clothesline」的晒衣鐵絲，看起來就像是飯店的浴室所裝設的那種晒衣繩，但紐西蘭人把它裝設在屋簷底下，平常可拉出鐵絲來晒衣服，不用的時候就將鐵絲捲起，相當好用。

前面曾經說過，紐西蘭人就算遇上下雨天也不愛撐傘。他們不怕身體淋溼，自然更不怕晒在屋外的衣物被雨淋溼。**因此就算突然下雨，他們也不會**

忙著收衣服。一般人總認為淋雨會讓衣服變髒，但是紐西蘭人並沒有那麼神經質。他們覺得反正只要雨一停，不久之後衣服就又乾了。託這種粗線條性格的福，讓紐西蘭人就算晒了衣服之後出門，也完全不擔心會下雨。

在臺灣人的眼裡……

●臺灣的夏季，常常早上大晴天但下午大雷雨，因此只要晒衣服，就得很注意天候，真羨慕紐西蘭人這種大而化之的國民性啊！

議題 77

把衣服晒在屋外是很丟臉的事

美國

日本人常把衣服晒在和建築物平行的晒衣竿上，但香港和新加坡的一些老舊公寓，晒衣竿是從窗戶垂直伸出的幾根鐵棍。這些鐵棍除了可以拆除，只要稍微傾斜，衣服還會自動滑進室內，而且也能充分日照，相當便利。

尤其是超高層公寓的住戶如果剛好都晒起衣服，那無數衣物飄揚的景象真是十分壯觀，但如果讓美國人瞧見，會誤以為這地方是貧民窟。美國人不喜歡鄰居把衣物晒在從屋外看得到的地方，他們認為這會讓房子的不動產價值降低。美國人非常重視都市景觀的整體感，一旦有人把洗好的衣物晒在外頭，將損及都市的美觀，更重要的是衣物晒在戶外，讓人覺得這個地區住了很多窮人，才會買不起烘衣機。

美國人都是用烘衣機來烘乾衣服，就算是床墊或棉被也不會晒在屋外，

衣服晒在外頭……這裡是貧民窟嗎？
USA

因為在他們的觀念裡，衣物和棉被都是家人穿在身上、蓋在身上的東西，晒在屋外被他人看見很丟臉。當這些美國人來到香港、新加坡或日本，看到公寓陽臺上晒滿了衣服的景象，腦袋裡或許仍會聯想到貧民窟呢！

在臺灣人的眼裡……

●天氣好的日子，大家都會把衣服和棉被等物品晒在外頭，這樣不但能夠殺菌消毒，還會有陽光的味道，多舒服啊！

TAIWAN

議題 78

內褲和襪子都要熨燙消毒

希臘

日本的熨馬大多腳架很短，甚至從前的熨馬根本沒有腳架。這是因為以前的日本人都是跪坐在榻榻米上熨燙衣物。相反的，紐西蘭人則習慣使用桌椅，熨燙衣服通常是站著，所以紐西蘭的熨馬都有很高的腳架，這一點，希臘也是一樣。

不過，希臘人熨燙衣服還有一個特色，那就是他們的熨斗上頭都有一個很大的蒸氣水罐。希臘人習慣花很長的時間把生活中所有的布類製品全都熨燙過一遍，除了襯衫、牛仔褲、床單、毛巾之外，就連內褲、襪子，以及廚房的抹布也不放過。像這樣連抹布和襪子都熨燙，是因為他們覺得就算洗了還是很髒，必須以熨斗進行熱蒸氣消毒。因此用大的蒸汽水罐，熨斗的使用時間才夠久。

不管是日本人、美國人，還是希臘人，大家都是人類，都是動物。衣物可能被身體自然排出的汙垢弄髒，也可能被外來的灰塵、汙漬弄髒，因此需要清潔。每個國家的人，都會想辦法讓髒了的衣服變乾淨，但是實際的做法各國不同，什麼樣的狀態才算是乾淨的觀念也不同。

在臺灣人的眼裡……

●雖然熱蒸氣確實可以消毒，但這太花時間了吧！拿去給太陽晒一晒就好。

議題79

餐盤浸過洗碗精就直接擦乾

紐西蘭

紐西蘭人洗餐盤的方式相當不拘小節。日本人洗餐盤，會先以沾了洗碗精的海綿將餐盤擦過，用水確實沖乾淨，再以布擦乾或自然風乾。但是紐西蘭人洗餐盤，是先蓄滿一水槽的水，倒一些洗碗精，餐盤不管油或不油，全都一股腦的丟進去，以有刷柄的海綿輕輕刷過，就直接撈起來放在架子上。接下來的步驟，只剩下拿布把餐盤擦乾。**換句話說，他們不會用水龍頭的水沖洗餐盤**。

這樣的做法，當然無法把餐盤上的髒汙確實洗乾淨，還會殘留大量的洗碗精。有時在杯子裡倒紅茶，會冒出洗碗精的泡沫。就算是高級餐廳，餐盤上往往也會殘留著洗碗精的痕跡，讓人看了就食慾盡失。

這樣的洗餐盤方式，我們看在眼裡覺得很髒，**但對紐西蘭人來說卻是既**

省水又能把餐盤弄乾淨的聰明做法。日本人如果寄宿在紐西蘭人的家庭裡，可能會看見他們拿起自己仔細洗好的餐盤，抹上洗碗精再擦拭一次，這種時候千萬不能驚訝。在紐西蘭，有些家庭甚至會和家犬共用餐具，可見得彼此的觀念有多大差距。因此就算有些做法不同，也沒什麼好驚訝的。

在臺灣人的眼裡……

●紐西蘭人或許覺得沾著洗碗精的餐盤很乾淨，但我可不想喝會冒泡泡的紅茶……

拿牛糞洗手

紐西蘭人沒有沖洗餐盤的習慣，這一點其實在中國和歐美的許多國家也都大同小異，或許這也算是一種國際標準吧！但若要比關於「吃」方面的特殊文化，印度人不遑多讓，許多印度人在喝寶特瓶或杯子裡的飲料時，會將飲料往嘴裡「倒」，不讓嘴唇碰到杯口；在路邊的茶館喝完了奶茶後，就把空的陶杯用力摔在地上砸成碎片；用餐時，印度人總是用右手抓取食物，不用湯匙或叉子，雖然這點讓我們覺得有點過不去，但反過來想，印度的餐廳所提供的湯匙或叉子不見得很乾淨，用自己洗乾淨的手來進食或許是比較明智的做法，能確保衛生。

而各國人洗手的方式也是五花八門，居住在非洲肯亞和坦尚尼亞北部的馬賽族，雖然在做料理前會確實把手洗乾淨，但是並非使用水和肥皂，而是

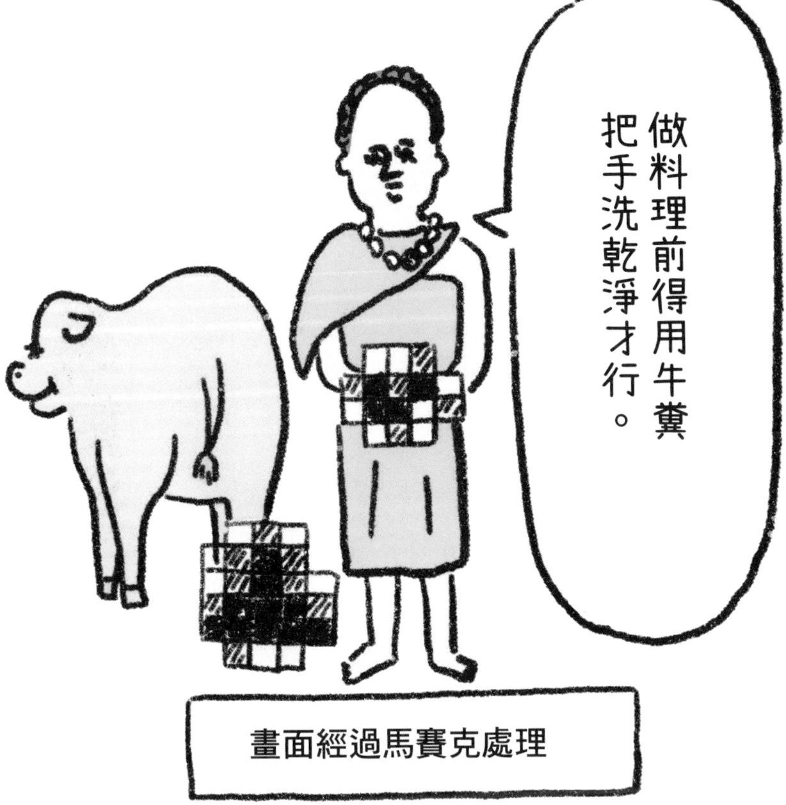
做料理前得用牛糞
把手洗乾淨才行。
畫面經過馬賽克處理

使用牛糞。步驟是先抓起新鮮的牛糞在手上搓一搓，接著再拿乾的牛糞像用毛巾一樣擦拭，最後再拍拍手，把多餘的牛糞拍掉，就完成了！在我們看來，那樣洗手會更髒更噁心，但是對他們來說，牛隻是神所賜予的最重要財富，絕對不可能是髒的。

在臺灣人的眼裡……

●臺灣早期農家為了感謝牛的辛苦，常有人立誓終身不吃牛肉，但也沒見過老一輩的人用牛糞洗手，這一點實在很難接受。
TAIWAN

議題 81

就算發生火災也是一片安靜

法國

在歐洲，只有地下鐵和路面電車有車內廣播，長途列車不會用廣播提供停靠站資訊或到站提醒。雖然有點不方便，但是車內非常安靜。

不僅是長途列車，街道也非常安靜。在葡萄牙只要超過晚上十點發出噪音，警察就會前來警告，甚至開罰單。歐洲諸國中以德國最為安靜，即便是大都市柏林，晚上也一片寂靜。**到早上八點之前，居民會盡量不發出聲音，就算是下午一點至三點，因為是大家午睡的時間**，也不會發出任何電視聲、廣播聲、樂器聲，甚至是孩童的喧鬧聲。德國人做事情一板一眼，這些要求都會寫在房屋租賃契約書中。

在巴黎，由於老舊的集合式住宅較多，半夜洗澡和上廁所都有特別規定。晚上如果要開家庭宴會，必須在建築物的入口大廳和電梯內等處張貼公

鴉雀無聲……
唰

告。在巴黎市區，就連發生火災也是一片安靜。現場只看見消防員默默滅火，沒有人吵吵鬧鬧，也不會有人大喊「有沒有人受傷」，就連圍觀群眾，也只是靜靜看著，等火滅之後就繼續過日常生活，彷彿什麼事也沒有發生。或許這可以稱為「寂靜的文化」，任何人為發出的聲音都會遭到排除。

在臺灣人的眼裡……
臺灣的火災現場總是充滿喧鬧聲和許多圍觀的人，真是完全不同呢！
TAIWAN

議題 82

街上有超高分貝的廣播叫大家起床

印尼

相較於寂靜的歐洲，亞洲總是熱鬧滾滾。不管是泰國、中國、臺灣還是韓國都一樣，不只公車和電車內會有廣播聲，就連車站月臺上也會播放電視廣告。位於南亞斯里蘭卡的車站，還會有攤販叫賣聲、街頭藝人的樂器聲和歌唱聲，不僅強迫路人非聽不可，甚至還會向路人索求小費。

在越南的街道上，則是有機車大軍發出喧囂聲，而且即使是在三更半夜看電視開很大聲或唱歌都不會有任何問題。

在伊斯蘭國家土耳其，齋戒期間*每到清晨三點半就會響起鼓聲，還有人會來叫大家起床。在印尼，到了每天五次的膜拜時間，街上就會響起「allah 'akbar（真主最偉大）」的大音量廣播聲，提醒大家要開始膜拜了。清晨還會連續廣播兩次「alsalat khyr min alnawm（膜拜勝於睡

眠）」，就算是不信伊斯蘭的人也沒辦法好好睡覺。

＊齋戒月（Ramadan）對穆斯林來說，是非常重要的一個月份，是伊斯蘭曆的第九個月，約落在西元年的四到五月之間。齋戒期間，從黎明到日落都不可以飲食、喝水、抽菸等，要專注於心靈和精神的修養。

在臺灣人的眼裡……

●臺灣社區裡的廣播系統，通常是給里長報告事情用的，例如資源回收的時間、消毒時間等社區重要的大小事情，和伊斯蘭教徒要靠著廣播提醒做五次膜拜的用途大不相同呢！

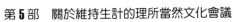

議題 83

過年期間禁止開車也禁止看電視

印尼

在日本，雖然不會有人在大街上提醒大家要記得拜拜，也不像印度那樣有人在電影院裡唱歌或吹口哨表達抗議，但商店街和觀光景點都會播放音樂，在車站還會有廣播聲提醒大家「依序排隊上下車」和「不要忘了隨身物品」，日本的廣播系統也算是常常運用，顯得相當熱鬧。

由此可看出日本的確是亞洲的一分子。不過就算是最喜歡熱鬧的印尼，在峇里島的靜居日（相當於印度教的新年）期間，整個大街小巷就像是沒人存活般的安靜。這形容一點也不誇張，這一天不能開車、不能騎機車、也不能看電視，就算是住在飯店裡的外國遊客也不能外出，所有的店家都會關起來，不能營業，就連機場也不例外，關閉24小時。因為是安靜冥思的日子，所以所有人都必須待在家裡，安安靜靜的度過，省思過去一年的作為，並為

鴉雀無聲……

未來做計畫。

相對於平日的喧囂，靜居日的安靜彷彿象徵著一整年已到了交界之日。聲音是一個人活著的證據，但人是一種多樣化的複雜動物，所以會有時而喧鬧、時而安靜的現象。

在臺灣人的眼裡……

●好安靜的新年，既然是要迎接新的一年，不是應該熱熱鬧鬧的慶祝一番嗎？

參考文獻

中野明　2019《裸體日本：混浴、窺看、性意識，一段被極力遮掩的日本近代史》PCuSER電腦人文化
綾部恒雄監修　2000『世界民族事典』弘文堂
綾部恒雄、桑山敬己編　2006『よくわかる文化人類学』ミネルヴァ書房
綾部恒雄監修 金基淑編　2008『世界の先住民族3南アジア』明石書店
綾部恒雄監修　福井勝義、竹沢尚一郎、宮脇幸生編　2008『世界の先住民族5サハラ以南アフリカ』明石書店
エヴァンズ=プリチャード 1978『ヌアー族―ナイル――民族の生業形態と政治制度の調査記録』向井元子訳 岩波書店
小田英郎、川田順造、伊谷純一郎、田中二郎、米山俊直監修　2010『新版アフリカを知る事典』平凡社
片倉もとこ　1979『アラビア・ノート アラブの原像を求めて』日本放送出版協会
ピアーズ・ギボン　2010『世界の少数民族文化図鑑　失われつつある土着民族の伝統的な暮らし』福井正子訳 柊風舎
金文学　2011『日中韓　新・東洋三国事情』祥伝社
鴻上尚史　2015『クール・ジャパン!? 外国人が見たニッポン』講談社
ジェトロ編　2001『駐在員発2　知ってて良かった世界のマナー』日本貿易振興機構
砂本文彦　2009『図説　ソウルの歴史　漢城・京城・ソウル　都市と建築の六〇〇年』河出書房新社
祖父江孝男、米山俊直、野口武徳編著　1977『文化人類学事典』ぎょうせい
地球の歩き方編集室『地球の歩き方』ダイヤモンド・ビッグ社

斗鬼正一　2003『目からウロコの文化人類学入門――人間探検ガイドブック』ミネルヴァ書房
斗鬼正一　2007『こっそり教える世界の非常識184』講談社
斗鬼正一　2014『頭が良くなる文化人類学「人・社会・自分」――人類最大の謎を探検する』光文社
中川真　2001『NHK人間講座　音のかなたへ　京都・アジア・ヨーロッパの音風景』日本放送出版協会
中川裕子、仲尾玲子　2010「色彩があらわす食品のおいしさへの影響：天然色素を添加した食品の色調による嗜好性評価」『山梨学院短期大学研究紀要』第30巻
波平恵美子　1984『病気と治療の文化人類学』海鳴社
波平恵美子　1996『いのちの文化人類学』新潮社
日本文化人類学会編　2009『文化人類学事典』丸善
イザベラ・バード　1998『朝鮮紀行：英国婦人の見た李朝末期』時岡敬子訳　講談社
エドワード・ホール　1970『かくれた次元』日高敏隆、佐藤信行訳　みすず書房
本多勝一　1981『ニューギニア高地人』講談社
松園万亀雄編　2003『性の文脈』雄山閣
宮本勝編　2003『〈もめごと〉を処理する』雄山閣
山内昶　1996『タブーの謎を解く――食と性の文化学』筑摩書房
吉岡修一郎　1977『数学千一夜　数のライブラリイ5』学生社
吉田禎吾　1976『魔性の文化誌』研究社
吉松久美子　1992「結婚考：タイ――カレン民族の成人と結婚」『ASIA21　基礎教材編』第2号　大東文化大学国際関係学部現代アジア研究所

國家圖書館出版品預行編目(CIP)資料

我的日常，令你傻眼!?這世界和你想的不一樣／斗鬼正一著；李彥樺譯. -- 初版. -- 新北市：小熊出版：遠足文化事業股份有限公司發行, 2021.11
192面；14.8×21公分. -- (廣泛閱讀)
ISBN 978-626-7050-34-7(平裝)

1.文化 2.風俗 3.通俗作品

538　　110017523

廣泛閱讀
我的日常，令你傻眼!?這世界和你想的不一樣
作者：斗鬼正一　翻譯：李彥樺　審訂：黃季平（國立政治大學民族學系副教授兼原住民族研究中心主任）

總編輯：鄭如瑤｜主編：劉子韻｜美術編輯：李鴻怡｜行銷副理：塗幸儀

社長：郭重興｜發行人兼出版總監：曾大福
業務平臺總經理：李雪麗｜業務平臺副總經理：李復民
海外業務協理：張鑫峰｜特販業務協理：陳綺瑩｜實體業務協理：林詩富
印務協理：江域平｜印務主任：李孟儒
出版與發行：小熊出版・遠足文化事業股份有限公司
地址：231 新北市新店區民權路 108-3 號 6 樓｜電話：02-22181417 ｜傳真：02-86671851
客服專線：0800-221029 ｜客服信箱：service@bookrep.com.tw
E-mail：littlebear@bookrep.com.tw ｜ Facebook：小熊出版
劃撥帳號：19504465 ｜戶名：遠足文化事業股份有限公司
讀書共和國出版集團網路書店：http://www.bookrep.com.tw
團體訂購請洽業務部：02-22181417 分機 1132、1520

法律顧問：華洋國際專利商標事務所／蘇文生律師｜印製：沈氏藝術印刷股份有限公司
初版一刷：2021 年 11 月｜定價：350 元｜ ISBN 978-626-7050-34-7

小熊出版讀者回函　小熊出版官方網頁